Loin devant !

Du même auteur

Romans

Jugan, La Table Ronde, (sélection prix Renaudot et prix Décembre 2015), 2015.
L'Ange gardien, Gallimard, (prix des lecteurs Quais du polar/20 minutes 2015), 2014.
Le Bloc, Gallimard, (prix Michel-Lebrun), 2011 et Folio policier, 2013.
À vos Marx, prêts, partez !, Éditions Baleine, 2009.
En harmonie, Équateurs, 2009.
La Minute prescrite pour l'assaut, Mille et une nuits, 2008.
Le Cadavre du jeune homme dans les fleurs rouges, Le Rocher, 2004.
Bref rapport sur une très fugitive beauté, Les Belles Lettres, 2002.
Big sister, Mille et une nuits, 2000 et Librio, 2004.
Monnaie bleue, Le Rocher, 2009.
Le Cimetière des plaisirs, Le Rocher, 1994.
L'Orange de Malte, Le Rocher, (prix du Quartier Latin), 1990.

Nouvelles

Les jours d'après, contes noirs, La Table Ronde, 2015.
Dernières nouvelles de l'enfer, L'Archipel, 2013.
Comme un fauteuil Voltaire dans une bibliothèque en ruines, Mille et une nuits, 2007.
Rêves de cristal, Arques, 2064, Mille et une nuits, 2006.
Rendez-vous rue de la Monnaie, Autrement, 2005.
Travaux pratiques, La Grâce efficace, Une si douce apocalypse, Les Belles Lettres, 2003.
La Grâce efficace, Les Belles Lettres, 1999.
Une si douce apocalypse, Les Belles Lettres, 1999.
Départementales, Le Rocher, 1996.
Requiem en Pays d'Auge, Le Rocher, 1996.

Jérôme Leroy

Loin devant !

Oraisons funèbres
pour Thierry Roland
et autres personnages
illustres ou anonymes
de ce temps

l'Éditeur

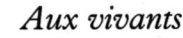

Aux vivants

Les cinquante-sept oraisons funèbres de ce recueil ont été publiées sur le site Internet de la revue *Causeur*, entre 2006 et 2015.

Comme une fille qui sort de l'eau.

Parmi les innombrables signes qui indiquent la disparition du monde d'avant et la transformation
de notre temps en un présent perpétuel de la marchandise dont rien ne semble pouvoir nous faire sortir sauf, parfois, l'horreur des catastrophes naturelles,
des attentats et des guerres, il y a la transformation
de l'oraison funèbre en nécrologie, c'est-à-dire d'un
discours sur la mort en une formalité presque admi-
nistrative.

La mort mérite pourtant mieux, à notre avis : elle
demeure la seule expérience inévitable dans notre
monde, la dernière que l'homme partage encore avec
ses contemporains et ses ancêtres, celle qui signe
quotidiennement sa défaite. La mort lui rappelle qu'il
n'est absolument rien et que malgré ses écrans plats,
ses femmes refaites, ses connexions Internet, ses GPS,
ses téléphones portatifs et ses bouffées d'orgueil pro-
méthéennes, il va lui aussi mourir, en général seul et
dans un hôpital s'il est occidental ou seul et dans un
bidonville s'il est né dans l'hémisphère sud. Il mourra
un peu plus tard et dans de meilleures conditions s'il

est riche, beaucoup plus vite et de manière parfois violente et déplaisante s'il est, par exemple, pauvre, ou jeune, ou noir, ou les trois.

Mais il mourra.

Il s'agit donc, désormais, d'occulter la mort, pour mieux l'oublier. Cachez ce cadavre que je ne saurais voir. Adieu les tableaux de Greuze où l'on meurt chez soi en famille, bonjour les romans de Houellebecq où l'on agonise sous des néons avec des tuyaux un peu partout. Ce qu'ont compris les djihadistes, c'est que rien ne nous terrifie plus que le spectacle de la mort, qu'une bonne décapitation sur YouTube est le meilleur moyen, c'est-à-dire le plus abject, le plus obscène, de nous ouvrir les yeux sur notre refus d'envisager notre fin. Une fin que nous éludons par des cercueils de plus en plus fermés que l'on remplit avec des abstractions, avant de réduire tout cela en cendres que l'on mettra dans une urne, urne qui finira elle-même enchâssée dans le mur froid d'un cimetière périphérique que quelques familles viendront hâtivement visiter, à la Toussaint, avec des chrysanthèmes.

Cette aseptisation touche même les riches. Quand Christophe de Margerie est mort, dans la rencontre très surréaliste sur un aéroport moscovite d'un avion privé et d'une déneigeuse, rencontre qui rappelle celle de la machine à coudre et du parapluie sur la table de dissection chère à Isidore Ducasse, il est fort à parier qu'aucun prélat n'aurait osé, lors de ses obsèques auxquelles assistèrent tous les puissants du moment, prononcer un sermon comme celui de Bossuet qui ouvrait des tombeaux devant la Cour, selon ses propres termes.

Qui aurait pu accepter d'entendre, par exemple, devant le cercueil de l'homme qui avait pour l'exercice 2013, en tant que PDG de Total, touché un salaire fixe de 1,5 million d'euros, un variable de 1,9 million d'euros et 1,7 million d'euros en stock-options et actions, soit une rémunération globale de 5,3 millions d'euros, ce que Bossuet rappelle dans son panégyrique de saint Bernard de Clairvaux : « Cette heure fatale viendra, qui tranchera toutes les espérances trompeuses par une irrévocable sentence ; la vie nous manquera, comme un faux ami, au milieu de nos entreprises. Là tous nos beaux desseins tomberont par terre ; là s'évanouiront toutes nos pensées. Les riches de la terre, qui durant cette vie, jouissant de la tromperie d'un songe agréable, s'imaginent avoir de grands biens, s'éveillant tout à coup dans ce grand jour de l'éternité, seront tout étonnés de se trouver les mains vides… »

Louis XIV, déjà, avait du mal à le supporter. Alors imaginez aujourd'hui…

On retrouvera dans ce volume une série d'articles qui, depuis 2006, s'efforcèrent de tendre un peu plus vers l'oraison que la nécrologie. Les morts sont très loquaces, il suffit de les écouter. Il leur arrive même d'avoir le sens de l'humour. Ils nous disent plus sur nos espoirs, nos mélancolies, nos craintes, nos vanités, nos folies, nos nostalgies, nos amours et nos plaisirs que les vivants qui parlent comme s'ils devaient toujours parler et comme s'ils avaient quelque chose à prouver, alors que le mort, lui, sait bien que c'est terminé et que l'océan se moque de nos scrupules.

Il sera ici question d'écrivains et de SDF, de chanteurs de variété et de philosophes, de condamnés à la peine capitale et d'architectes, d'acteurs et d'hommes politiques, de vignerons et de dictateurs, de célébrités et d'anonymes, de vieillards et d'enfants, de héros et de salauds. Leur vie, comme leur mort, m'ont semblé aussi dire beaucoup sur moi, sur le temps qui passe, sur ce que j'ai fait ou pas de ma vie. Je n'y parle que des autres mais c'est sans doute, je m'en avise maintenant, mon livre le plus intime.

Tous ces morts m'auront appris l'essentiel. Et d'abord l'impérieuse nécessité, en cet instant précis, de regarder cette fille qui sort de l'eau, vient vers moi en tordant ses cheveux, la tête légèrement penchée, simplement attentive à elle-même avant de me voir enfin et de me sourire ; de la regarder comme si c'était la première *et* la dernière fois, en même temps, dans l'éternité bleue de ce mois de juillet où j'attends sa fraîcheur salée sur ma peau, sa belle fraîcheur salée de vivante.

Jacques Sternberg † 11 octobre 2006

TOI, MA NUIT.

En mourant, on espère que Jacques Sternberg aura su faire la part entre la terreur, le désir et la curiosité qui ont régné à parts égales sur son existence aimablement marginale. La Grande Faucheuse est une femme et Jacques Sternberg a toujours beaucoup aimé les femmes. Fatales, indifférentes, monstrueuses mais toujours belles, comme la Glaize du *Cœur froid* où Sternberg a aussi expliqué pourquoi il ne portait jamais de montre : « Je n'avais jamais ressenti le besoin d'avoir l'heure de ma mort gravée à mon poignet. »

On a eu la chance de connaître un peu Jacques Sternberg au moment où l'on était édité par Pierre-Jean et Hélène Oswald qui s'étaient réfugiés aux Belles Lettres et avaient lancé la collection « Le Cabinet Noir ». Jacques Sternberg faisait partie de ces écrivains qui ressemblaient à leurs livres : il était noir, désespéré et drôle. Il avait l'humour très particulier des survivants, de ceux qui naissent à Anvers en 1923 dans une famille juive, par exemple. Jacques Sternberg était le champion toute catégorie de la *short story* et même de la *very short story*. Un paragraphe, voire une phrase. Il a été en France un des pionniers de la science-fiction et a aussi inventé un fantastique bien particulier. Il a animé la revue *Mépris* et était ami de Roland Topor.

Il ne se trouvait bon que dans la forme courte. Il n'aimait pas tellement ses romans. Nous si. Et notamment ce *Toi, ma nuit* qui ne se contente pas d'avoir un beau titre. Le roman raconte comment, dans une société sexo-orwellienne, polluée, urbanisée à l'extrême, où la pornographie est devenue le mode de vie obligé, un homme tombe amoureux d'une femme et tente de vivre une histoire d'amour comme dans le monde d'avant. Jacques Sternberg n'était pas un puritain, loin de là. Avec son solex, son voilier et son bonnet de marin qui ne le quittait jamais, il fut un très grand séducteur et un très grand séduit. Mais il avait pressenti dans *Toi, ma nuit*, écrit en 1964, toutes les ambiguïtés de la révolution sexuelle qui était sur le point d'advenir et comment la société spectaculaire marchande allait retourner en aliénation ce qui se voulait émancipation.

On a lu *Toi, ma nuit* quand on avait seize ans, en Folio. Ce roman, on lui doit beaucoup : il n'est pas pour rien dans la construction de notre imaginaire et l'on sait qu'il nous a affligé de cette sensation durable : être un homme seul dans une société prétotalitaire où neuf femmes sur dix, surtout les trentenaires, donnent l'impression qu'on leur a implanté une puce à la naissance qui les programme pour la soumission, la consommation, le sexe en vingt leçons, l'hystérie froide et le bovarysme assisté par ordinateur.

Quand on a rencontré Sternberg, en 1999, on lui a demandé de nous dédicacer notre exemplaire Folio. Il l'a fait avec une bienveillance amusée. Et puis voilà qu'une bonne pêche, un chopin chez un bouquiniste de Bruxelles, nous a fait trouver une semaine avant sa mort l'édition originale, celle publiée chez Éric Losfeld, et dédicacée à un autre des maîtres de notre jeunesse, le grand André Pieyre de Mandiargues qui lui aussi, mais dans une veine plus nettement post-surréaliste, savait jouer du fantastique et de l'éro-tisme comme personne, notamment dans *Le Lis de mer, Le Musée noir* ou *Mascarets*. Hasard objectif ? Sans doute. Après tout, tous ces écrivains que nous aimons parce que l'on sent entre leurs lignes l'odeur des filles, des rivages et de notre propre fin, sont tous plus ou moins des surgeons du surréalisme, Stern-berg étant de surcroît Belge, c'est-à-dire citoyen d'un pays qui sait que ceci n'est pas une pipe.

Une dernière chose : depuis plusieurs années, Jacques Sternberg ne voulait plus écrire, ce qui est toujours mau-vais signe pour un écrivain. Pourtant, nous l'avons tanné pour qu'il nous donne un conte, même très bref, pour l'anthologie que nous préparions sur le thème du der-nier homme et qui est sortie en février 2004 aux Belles Lettres. À notre connaissance, ce conte n'a jamais été repris dans un recueil. Il s'appelait « Blanc » et racontait en vingt lignes comment un vieil écrivain écrivait son dernier conte à défaut d'être le dernier homme.

Cette anthologie, ce texte, sont devenus introuvables. Comme la voix de Sternberg, dont l'humour noir et la sensualité sont pourtant deux vertus essentielles pour ceux qui voudraient survivre encore un peu.

Toi, ma nuit, décidément...

Frédéric H. Fajardie † 1ᵉʳ mai 2008

MORT D'UN BERNANOSIEN ROUGE.

Frédéric Fajardie est mort le 1ᵉʳ mai 2008. C'était un très grand nom du roman noir français dont il renouvela les codes à la fin des années 1970, en compagnie de Jean-Patrick Manchette ou de Jean Vautrin. C'était aussi mon ami, depuis plus de quinze ans. Il ne se passait pas une semaine sans que l'on se téléphone ou que l'on se voie. Je n'en avais pas hâte mais j'ai maintenant un numéro qui ne répondra plus dans le répertoire de mon portable, un numéro que je n'effacerai pas, évidemment. Comme il vivait de la même manière qu'il écrivait, dans l'élégance, la violence et le goût du symbole, il est mort un 1ᵉʳ mai, évidemment.

Frédéric Fajardie était né le 28 août 1947. Son après-guerre a eu la couleur grise des pauvretés sans pittoresque. Il gardait pourtant, courant comme un fil d'or dans son œuvre, une nostalgie inguérissable de l'enfance, une enfance illuminée par l'image d'un père connaissant des fortunes diverses, tour à tour ferrailleur et bouquiniste dans une librairie où le futur écrivain reçut les encouragements de Max-Pol Fouchet qui venait revendre ses services de presse.

Les années 1950 et 1960 de Fajardie sont celles d'un spleen tenace et de petits boulots dans un XIIIᵉ arrondissement aujourd'hui disparu, jusqu'à ce qu'il décide de faire la révolution. Ce sera, dès 1967 les CVB, Comités Vietnam de Base, bras musclés du maoïsme français. Cet engagement gauchiste de Fajardie ne fit jamais de lui un puritain, même quand il devint l'un des grenadiers voltigeurs attitrés de la Gauche prolétarienne. Comme il le disait lui-même, « cette époque sentait bon le complot, l'extrême gauche, l'amitié ». De mai 1968, il consigne l'essentiel dans *Jeunes femmes rouges toujours plus belles* en 1988, manière de *Chartreuse de Parme* du gauchisme français.

Un service militaire dans la DCA en Allemagne en 1969 lui permet de digérer la désillusion. Le Grand Soir se faisant attendre, Fajardie reprend ses études, histoire de prouver qu'un autodidacte ne finit pas forcément dans la peau de Staline ou de Bernard Tapie : un bac philo, trois licences et un DEA à l'École pratique des hautes études viennent couronner ses efforts. En 1974, il rencontre son épouse Francine qui l'encourage dans sa vocation d'écrivain presque oubliée dans les feux du divertissement révolutionnaire et à qui il dédiera tous ses livres.

Il choisit donc d'abord le roman noir qui est un moyen comme un autre de continuer la révolution. Cela va donner *Tueurs de flics* en 1979. Le succès est immédiat, salué par Vautrin, Jean-Paul Kauffman ou Jean-François Fogel. Entre 1979 et 1993, Fajardie va publier vingt-deux romans, dix recueils de nouvelles et écrire pour le cinéma, la télé et la radio. 1992 est l'année de *Chronique d'une liquidation politique*, un essai rageur sur les reniements et l'arrogance de la gauche au pouvoir (il y eut également une gauche bling-bling au début des années 1990). Cette critique lui coûte cher et il se retrouve victime d'une véritable interdiction professionnelle en tant que scénariste, sans compter l'omerta de journaux « amis » tels *Libé* ou *Télérama*. Comme Bernanos, dont il était un grand lecteur, Fajardie n'avait pas hésité à tirer sur ceux qui ne pouvaient imaginer qu'une attaque vienne de leurs propres rangs. Mais Fajardie ne reniait rien de ses engagements premiers, bien au contraire.

En effet, pour paraphraser la chanteuse yéyé puis engagée Dominique Grange, dont « Les Nouveaux Partisans » était l'hymne de la Gauche prolétarienne, le camp du peuple fut toujours son camp. Il avait beau devenir un auteur culte pour nombre de jeunes hussards royalistes, il avait beau être ami avec A.D.G., Fajardie demeurait un écrivain « de terrain ».

En 2003, il reste plusieurs mois sur le site de Metaleurop dans le Pas-de-Calais alors que cette usine de traitement du plomb va être délocalisée. Il recueille les réactions des ouvriers licenciés qui occupent les lieux et cela donne *Metaleurop, paroles ouvrières* dont les droits d'auteurs furent reversés aux associations locales.

Inventeur du commissaire Padovani, héros récurrent de six livres et double littéraire, Fajardie fut aussi un grand romancier de l'Histoire plus qu'un simple romancier historique. La Résistance, la guerre d'Espagne, les suites des deux guerres mondiales, rares sont les périodes où il ne fit pas se battre et s'aimer ses personnages, tour à tour romantiques, désespérés, drôles et poétiques. Il avait d'ailleurs sensiblement agrandi son public ces dernières années avec la série des *Foulards rouges,* où il faisait passer en contrebande, de manière très efficace, en plein Grand Siècle, des névroses et des souffrances tout à fait contemporaines.

La certitude que son œuvre qui compte plus de trois cent soixante nouvelles et une soixantaine de romans est faite pour durer est bien la seule consolation que l'on puisse trouver à cette disparition.

Donald Edwin Westlake † 31 décembre 2008

DERNIÈRE TOURNÉE
SUR AMSTERDAM AVENUE.

Le 1er janvier 2009 au matin, John Dortmunder, Andy Kelp, Tout p'tit, Ralph Winslow et Stan March se sont réunis à New York au bar grill O.J. d'Amsterdam Avenue devant leurs boissons habituelles (bourbon, whisky de seigle, vodka, vin rouge et bière régulièrement salée pour en faire augmenter la mousse). Tous ces personnages, assez défavorablement connus des services de police, venaient d'apprendre la nouvelle : leur créateur, le grand Donald Westlake, était décédé la veille, à soixante-quinze ans, le 31 décembre 2008 alors qu'il réveillonnait avec son épouse. Étant donné que Westlake était un forçat de l'underwood et l'auteur d'une grosse centaine de romans, il laisse une pléiade de personnages au chômage technique, pire que dans l'industrie automobile de ces temps-ci. Mourir un 31 décembre était bien dans la manière de Westlake : il n'était pas du genre à écrire une histoire pour la laisser en plan. C'est bien là une facétie funèbre digne d'un orfèvre de l'intrigue où la chute se doit de n'intervenir qu'au tout dernier moment.

Parce qu'il s'agit d'un auteur de romans noirs, parce que de surcroît cet Américain né en 1933 avait une *vis comica* peu commune, il n'est pas certain, au-delà du cercle des amateurs, que son génie littéraire, un des plus grands et des plus protéiformes de la littérature américaine, ait été reconnu à sa juste valeur.

C'est bien le seul avantage de mourir pour un écrivain aussi prolifique et novateur que lui : le temps et le goût vont faire leur œuvre et la grandeur de Westlake éclipsera un bon nombre de fausses gloires du polar (que restera-t-il de nos engouements pour les Scandinaves ennuyeux comme la social-démocratie ?) et de la littérature tout court : ils vont être de plus en plus nombreux, les lecteurs, à donner toute l'œuvre de Pynchon et une bonne partie de celle d'autres faiseurs formalistes pour quelques pages d'*Aztèques dansants* qui porte le vieux thème de la course-poursuite à des hauteurs épiques et comiques rarement atteintes.

Bien qu'il ait utilisé de nombreux pseudonymes, Donald Westlake est surtout l'auteur de deux séries, l'une sous son propre nom qui raconte les calamiteuses aventures de Dortmunder et de son équipe et l'autre sous le nom de Richard Stark qui met en scène Parker, bandit sans visage, beaucoup plus cruel et sanguinaire.

Westlake, à première vue, est ce qu'il est convenu d'appeler un formidable inventeur d'histoires. Plus exactement, son art de la complexification, de la contrainte imposée, font de ses romans des espèces de combats métaphysiques et drolatiques contre un destin de plus en plus absurde. Ainsi, dans *Le Ciel t'aidera ?*, Dortmunder se retrouve obligé d'aider une jeune bonne sœur dans une lutte sans merci avec son père milliardaire, mais il ne peut être guidé dans son action que par des gestes puisque la nonnette a fait… vœu de silence et refuse de le rompre, même quand la situation devient critique.

Marqué par le thème du double (lire *Un jumeau singulier*), Westlake/Stark a aussi mis en scène pour de nombreuses aventures le mystérieux Parker. C'est sans doute là, à notre avis, qu'il est le plus novateur. Parker n'est pas seulement un truand qui travaille en solitaire ou avec quelques complices qui ne sont jamais les mêmes, il incarne une certaine forme de destinée, celle de l'homme nomadisé d'une société américaine qui est en train de devenir la société mondiale. Parker, qui ne montre aucun sentiment, ne montre non plus aucun attachement aux lieux ou aux racines. Il est le posthumain en constante délocalisation, si fréquent aujourd'hui, que Westlake/Stark avait pressenti dès les années 1960. La vie de Parker se déroule dans des motels, des appartements loués, des maisons de passage. Il est l'homme des non-lieux indifférenciés, de la fin de l'histoire. Il prépare des « coups » comme des cadres supérieurs montent des business plans. Sa violence froide, voire son sadisme méthodique, ne sont que la forme hyperbolique de la violence policée des rapports sociaux. Servies par un style behavioriste ou comportementaliste très admiré par Manchette, les aventures de Parker sont en elles-mêmes un genre littéraire radicalement nouveau, de belles mécaniques froides et précises qui ne vont pas vieillir.

Car il y avait, chez Westlake, derrière la franche rigolade des Dortmunder ou l'ironie aussi cruelle qu'imperceptible des Parker, une véritable angoisse. D'abord sur lui-même et son métier comme on peut le lire dans *Adios Schéhérazade*, autofiction d'un écrivain professionnel en panne, qui écrit du porno pour essayer de retrouver le chemin du Grand Œuvre mais aussi dans *Le Contrat*, roman documenté et désespéré sur la manière dont l'édition est devenue un commerce comme un autre et n'obéit plus qu'aux lois du marché. Sur son époque, enfin, comme dans l'un de ses romans les plus récents, *Le Couperet*, adapté par Costa-Gavras, raconte comment un cadre sup au chômage, bon père de famille, trouve une offre d'emploi et va s'arranger pour repérer les autres candidats ayant un profil similaire au sien afin de les éliminer physiquement et de rester seul en lice.

Donald Westlake était finalement, comme tous les grands écrivains, l'homme d'une gaîté de plus en plus difficile à exercer et dont l'héroïsme discret consistait justement à tenter de la sauvegarder.

Au bar grill d'O.J. sur Amsterdam Avenue, Dortmunder a remis une tournée. Le cœur n'y est plus vraiment.

Patrick McGoohan † 13 janvier 2009

QUITTER LE VILLAGE.

Bonne nouvelle, on peut s'échapper du Village. Mauvaise nouvelle, le seul moyen, c'est en mourant. En trépassant à l'âge de quatre-vingts ans, Patrick McGoohan va désespérer tous ceux qui avaient appris le vrai visage du totalitarisme moderne en regardant les dix-sept épisodes du *Prisonnier*. De cette série qui passa pour la première fois à la télé britannique en 1967 et que d'aucuns appelèrent « un chef-d'œuvre télévisionnaire », Patrick McGoohan fut le personnage principal, écrivant et réalisant lui-même plusieurs épisodes : il a incarné et incarnera pour toujours, désormais, un certain dandysme ironique et désespéré, tenace et distancié à la fois, celui des hommes qui continuent envers et contre tous le travail du négatif dans un monde d'approbation généralisée.

Il faut savoir que s'il y a une série culte, c'est bien *Le Prisonnier* : des centaines d'aficionados tiennent chaque année une convention au pays de Galles, à Portmeirion où fut tournée la série. Portmeirion est une manière de village-folie d'un architecte des années 1920 qui y résuma tous les styles existants, faisant de cet endroit un parfait non-lieu.

L'argument de la série, exposé dès le générique, est simple : un espion anglais démissionne des services secrets ; à peine rentré chez lui dans sa Lotus Seven, il est drogué, enlevé et se réveille au Village. Le Village est un endroit non-situé géographiquement, comme il convient dans le genre utopique, où vivent des habitants qui ont tous l'air très heureux. Ils sont habillés avec un chic exagéré, comme aux plus belles heures du *Swinging London*, disent rituellement « Bonjour chez vous ! » quand ils se croisent, roulent dans des voiturettes de golf et portent au revers un badge avec un vélocipède et un numéro. Ils ne se posent jamais de questions sur le pourquoi de leur présence dans cet endroit dirigé avec une douceur monstrueuse par un Numéro 2. Lequel obéit à un Numéro 1 que l'on ne verra jamais sauf à la fin, dans le dernier épisode, et encore, à condition de s'y retrouver dans ce poème visuel sous LSD et de choisir une des multiples solutions possibles à cette fable philopsychédélique.

Patrick McGoohan, qui porte le Numéro 6, tente à chaque épisode de déstabiliser le Village en refusant les règles et en annihilant psychologiquement le Numéro 2, manifestement envoyé là pour lui faire avouer on ne sait quels secrets. Néanmoins, un nouveau Numéro 2 remplace toujours le précédent et les tentatives répétées d'évasion du prisonnier se soldent toutes par des échecs : il est en général rattrapé par une espèce de monstrueuse baudruche blanche et molle qui jaillit des profondeurs de la mer et le ramène vers la côte.

On l'aura compris, McGoohan, en mourant, a sans aucun doute rejoint Kafka, Zamiatine, Orwell et, bien sûr Philippe Muray. Car le Village préfigure jusque dans les moindres détails l'actuel Empire du Bien festiviste. Au Village, la participation aux activités collectives n'est pas obligatoire mais fortement recommandée. Au Village, les portes des cottages ne ferment pas à clef, puisqu'on n'a rien à cacher. Au Village, on organise parfois des élections du Numéro 2 qui ne changent rien au système en place. Au Village, la répression est essentiellement médicalisée et tout rentre dans l'ordre après une bonne thérapie comportementale qui vous libère de vos sales manies individualistes. Ces traitements de choc tout en douceur sont aussi supposés vous dissuader de vous livrer à des voies de fait sur vos voisins – tellement prévenants et tellement souriants que Patrick McGoohan ne songe qu'à les étriper, alors qu'on a pourtant l'impression que l'adjectif flegmatique a été spécialement inventé pour lui. Au Village, bien avant Balkany à Levallois, le choix d'abdiquer la liberté au profit de la sécurité est clairement assumé grâce à l'omniprésence des caméras de surveillance et des micro-espions.

Bref, on retrouve dans cette série les traits principaux des grands cauchemars visionnaires du XXe siècle : la surveillance panoptique comme dans *1984* avec les télécrans ; l'intimité interdite et la transparence obligatoire comme dans *Nous autres* de Zamiatine et ses maisons de verre ; le caractère purement formel de la démocratie quand le vrai pouvoir, occulte, s'appuie sur l'opacité procédurière et enfin le secret généralisé comme dans *Le Procès* de Kafka.

Toute l'intelligence de McGoohan est, alors que nous sommes en pleine Guerre froide, de ne pas renvoyer spécifiquement au totalitarisme soviétique comme la plupart des films et séries de l'époque. Le Village est en effet un endroit très lumineux, sans forces de l'ordre omniprésentes, sans barbelés, sans goulags, sans check-point pluvieux. On se croirait plutôt dans un club de vacances pour retraités *upper middle class*. Pourtant l'angoisse vient aussi, mais pour des causes différentes : couleurs trop vives, intérieurs trop cosy, ciel toujours bleu et résidents forcément de bonne humeur. C'est que le Numéro 6 pointe la naissance d'un autre totalitarisme : celui, beaucoup plus métastasé et inédit, des démocraties modernes où toutes les activités humaines sont en passe d'être informatisées, au nom du bonheur et de la rationalité économique.

Rappelons la fin du dialogue du célèbre générique :

— Qui êtes-vous ?

— Je suis le nouveau Numéro 2.

— Qui est le Numéro 1 ?

— Vous êtes le Numéro 6.

— Je ne suis pas un numéro,

JE SUIS UN HOMME LIBRE !

Le refus de McGoohan, considéré comme obsessionnel, d'être numéroté, préfigure d'évidence les révoltes antitechnologiques qui commencent aujourd'hui à émerger dans une certaine partie éclairée de la jeunesse, celle, par exemple, qui voit l'insurrection qui vient.

Rappelons-nous également que l'année de sortie de cette série qui ne connut que dix-sept épisodes – à cause de la panique qu'elle déclencha chez les spectateurs anglais – est la même année, 1967, que celle de la parution de *La Société du Spectacle* de Guy Debord. Pendant que McGoohan, dans son très élégant veston noir à liseré crème, s'acharnait à débusquer et détruire le Numéro 1, voilà ce qu'écrivait Debord : « Le spectacle est le discours ininterrompu que l'ordre présent tient sur lui-même, son monologue élogieux. C'est l'autoportrait du pouvoir à l'époque de sa gestion totalitaire des conditions d'existence. » Ce monologue élogieux est devenu notre quotidien. Un visionnage de la série dystopique de Patrick McGoohan permettra, pour quelques heures, de l'interrompre.

Pour quelques heures seulement, ne rêvons pas.

Hans Beck † 30 janvier 2009

LES PLAYMOBIL EN DEUIL.
BIEN FAIT POUR EUX.

L'inventeur des Playmobil est mort à l'âge de soixante-dix-neuf ans. Il s'appelait Hans Beck, était allemand et a eu, hélas, le temps d'en commercialiser plus de deux milliards depuis 1974, date de la mise sur le marché de la première figurine. Rappelons que les Playmobil, hauts de 7,5 centimètres, ont un éternel sourire plaqué sur le visage, une différenciation sexuelle approximative et des mouvements limités à la possibilité de courber l'échine. On a beau les avoir déguisés en Peaux-Rouges, en chevaliers du Moyen-Âge ou en cosmonautes – une série Gay Pride était en préparation – il n'en demeure pas moins qu'ils sont les principaux agents d'un vaste plan de soumission des enfants aux exigences des démocraties de marché. Leur apparition, comme par hasard, date du premier choc pétrolier, qui allait bouleverser les rapports de production. Muets, béats, flexibles, soumis, les Playmobil symbolisent à merveille le rêve patronal d'une main-d'œuvre qui a enfin perdu sa conscience de classe. Ils vont, malheureusement, survivre à leur créateur.

Georges Labica † 12 février 2009

MOURIR EN COLÈRE.

Le philosophe Georges Labica, né en 1930, est mort le jeudi 12 février 2009. Ce spécialiste de la théorie marxiste, professeur émérite, enseigna longtemps à Nanterre. Disciple d'Henri Lefebvre et de Louis Althusser, il quitta le PCF au début des années 1980. Il a, parmi de nombreux ouvrages, dirigé un monumental *Dictionnaire critique du marxisme*. Dans *Démocratie et Révolution*, Georges Labica écrivait notamment : « Le communisme, c'est le seul contrepoison, le seul antidote, le seul remède, la seule alternative à la société d'exploitation, au capitalisme qui jamais n'a le visage humain. Tous les damnés de la terre savent ça, qui sont de plus en plus nombreux et de plus en plus damnés. Seuls les salauds ne sont pas avec eux et c'est comme ça qu'on les reconnaît. »

On n'est évidemment pas obligé d'être d'accord, mais il faut savoir que mourir en colère, pour le coup, c'est à ça qu'on reconnaît un communiste. Il n'y a pas, pour eux, de réconciliation possible avec ce monde-là.

Et si ça ne vous plaît pas, c'est le même prix.

Michel Clouscard † 21 février 2009

QUAND LE CLOUSCARD N'EST PLUS LÀ, LES LILIS DANSENT.

Le Medef a-t-il mandaté un serial killer pour en finir avec les grands philosophes marxistes de notre temps et les empêcher de penser une alternative à la catastrophe en cours ? Après la mort de Georges Labica que nous vous signalions la semaine dernière, c'est au tour de Michel Clouscard de disparaître à l'âge de quatre-vingt-un ans. On a intérêt à renforcer la sécurité rapprochée autour de Badiou si on ne veut pas se retrouver avec Alain Minc comme symbole de la pensée radicale en France. Consubstantiellement homme du progressisme et du monde d'avant, amateur de jolies femmes, de vieux livres, de soleil corse, de rugby et de gaillac perlé, lecteur attentif de Rousseau, dont il dynamita la relecture baba cool et décrypteur inspiré du mythe de Tristan et Yseult, dont il exalta l'universalité, Clouscard ne se contenta pas d'être instinctivement hermétique au féminisme, à l'écologisme, au cosmopolitisme : il en dénonça, parmi les premiers, les effets pernicieux sur la société française en général et sa composante communiste en particulier.

Michel Clouscard, dans la lignée de Lukács, Goldmann et Lefebvre, a développé une pensée originale qui plaît même aux réactionnaires : son analyse de la façon dont le capitalisme récupère les « progrès sociétaux » pour occulter la vieille question sociale l'a amené à une critique radicale de mai 1968 comme contre-révolution libérale libertaire. Il est d'ailleurs l'inventeur de ce néologisme qui se révèle si manifestement pertinent pour comprendre aujourd'hui l'indécence et la morgue des ex-gauchistes convertis à l'économie de marché.

On lira avec profit *Le Capitalisme de la séduction* de 1981 et surtout le prophétique *Néofascisme et Idéologie du désir* qui date de 1973. Dans le post-scriptum à la réédition de 2008, Michel Clouscard écrit notamment : « Le néofascisme sera l'ultime expression du libéralisme social libertaire, de l'ensemble qui commence en mai 1968. Sa spécificité tient dans cette formule : tout est permis, mais rien n'est possible. »

James Graham Ballard † 19 avril 2009

MORT AU FRONT.

J.G. Ballard est mort le 19 avril, à soixante-dix-huit ans et ce n'est pas très grave. Il avait fait le plus important pour un écrivain, il avait transformé son nom en adjectif, comme Kafka, Orwell ou Sade. La dernière édition de l'*English Collins Dictionnary* nous apprend ainsi que l'adjectif ballardien se définit comme « une ressemblance avec les conditions de vie décrites dans les romans et les nouvelles de J.G. Ballard, spécialement la modernité dystopique, les paysages de déréliction créés par l'homme lui-même ainsi que les effets psychologiques des récents développements technologiques sociaux et environnementaux. » J.G. Ballard est mort sur le front et c'est très courageux.

Il a en effet terminé sa vie à Shepperton, dans un pavillon de banlieue moche comme tout, en vieux veuf malade et inconsolable. On y trouvait bien une toile de Delvaux mais malgré tout, on se dit qu'un écrivain de son envergure aurait pu choisir pour tutoyer la Faucheuse un endroit un peu plus glamour. Mais le glamour, ce n'était pas le genre de la maison Ballard. À Shepperton, on était dans ce que Marc Augé appelle un non-lieu. Les non-lieux, ce sont les zones résidentielles, les centres-villes rénovés, les aires d'autoroute, les halls d'aéroports, les zones commerciales. Ils n'ont ni passé ni avenir, ils prolifèrent à notre époque, comme les cellules cancéreuses qui ont emporté Ballard. C'est dans les non-lieux que les choses se passent, effectivement, et Ballard, comme tous les écrivains qui en ont, voulait être là où les choses se passent. Plus besoin d'aller mourir en Espagne avec Hemingway, le cauchemar commence avec un barbecue dominical et un adultère sous poutres apparentes pendant que les enfants zappent sur les trois cents chaines de la fibre optique.

Ça nous a donné, ce courage et cette intelligence du non-lieu, des romans inoubliables : *IGH*, pour immeuble de grande hauteur, qui décrivait dès les années 1960 les psychoses maniacodépressives qui se déclenchent immanquablement quand on commence à entasser des citoyens dans des tours formatées comme dans un cauchemar debordien. *Super Cannes* où la vie dans un ghetto ultrasécurisé pour cadres supérieurs qui évitent la lutte des classes avec des clôtures électrifiées et des caméras de surveillance mais qui vont, manière de justice immanente, se massacrer dans l'endogamie la plus complète. *Sauvagerie*, nouvelle traduction du *Massacre de Pangbourne* où, dans un très joli quartier pour riches, les enfants sages ont tous tué leurs parents le même jour.

Parce qu'il était un sociologue du désastre en cours depuis quarante ans dans les sociétés libérales, on a souvent dit qu'il était un auteur de science-fiction, en espérant que cette étiquette infamante pour les esthètes et les imbéciles suffirait à l'exclure du champ de la littérature. C'est évidemment absurde. Les romans et nouvelles qui ressortissent purement à la science-fiction chez Ballard sont assez minoritaires dans son œuvre et de toute manière sont eux aussi de parfaites réussites. Ballard a notamment inventé dans ce domaine un genre à part entière, la fin du monde intimiste. Il la décline dans des variations atroces, réalistes et poétiques : dans *La Forêt de cristal*, le monde se minéralise, dans *Le Vent de nulle part*, il est emporté par un ouragan gigantesque, dans *Le Monde englouti*, il est noyé comme l'Atlantide et dans *Sècheresse*, comme son titre l'indique, c'est le contraire. À chaque fois, cela est vécu par quelques individus contradictoires, attachants et désespérément humains et Ballard évite ainsi soigneusement la superproduction déréalisante à l'américaine.

En fait, le génie de Ballard était dans cette coalescence entre un présent déjà cauchemardesque et un futur épouvantable. Un futur qui métastase le présent, un cauchemar à venir dont on ne se réveillerait plus au matin car il n'y aurait plus de matin. Ballard avait perdu sa femme très tôt, dans un accident de voiture. Il ne s'en était jamais remis et la littérature a gagné un texte majeur, expérimental et fondateur, *La Foire aux atrocités*, sorte de matrice des livres à venir dans laquelle se déclinaient en fragments élégamment gores et pornographiques les aspects les plus schizophréniques de notre modernité obscène : l'hypermédiatisation, les guerres périphériques, le voyeurisme chirurgical, le règne sans partage de l'automobile. Ce dernier thème, qui avait des échos si biographiques pour Ballard, a donné naissance à un de ses romans les plus célèbres mais pas forcément le meilleur, *Crash !*, où l'on voit des gens tout à fait normaux ne pouvoir jouir sexuellement qu'en ayant des accidents de la route dont ils ressortent plus où moins mutilés.

En tout cas, cela a donné une extraordinaire adaptation cinématographique de Cronenberg, sensuelle et malsaine, crépusculaire et érotique, avec dans un des premiers rôles la somptueuse Deborah Kara Unger qui à elle seule donne envie de rentrer violemment dans toutes les grandes blondes avec une grosse cylindrée. Plus généralement, Ballard fut bien servi par le cinéma et son roman autobiographique, *L'Empire du soleil,* où il racontait comment il avait été emprisonné par les Japonais en 1942, à douze ans, alors qu'il vivait à Shanghai avec sa famille, a donné un des très grands films de Spielberg.

La mort de ce génie discret peut être également l'occasion de nous interroger sur ce paradoxe anglais, qui fait d'un pays à la fois l'inventeur de l'*habeas corpus* et de la télésurveillance généralisée, des libertés individuelles jalousement proclamées et de Big Brother attendant son heure, dans l'ombre, sous le sourire en plastique du post-travaillisme blairiste.

Parce qu'il avait compris ce paradoxe qui rend fou, Ballard était dans la lignée directe de Swift et d'Orwell et compagnon de route de Brian Aldiss et

John Brunner. Docteur en apocalypse ordinaire, théologien de la banalité du mal totalitaire, antipoète des technologies mortifères et quotidiennes, Ballard était celui par qui arrivent les mauvaises nouvelles, c'est-à-dire, très précisément, ce qui définit depuis toujours les grands écrivains.

Farrah Fawcett † 25 juin 2009

UNE DAME DU TEMPS JADIS.

La main droite, ou gauche, de tous les garçons ayant eu entre douze et seize ans en France, en 1978, est en deuil. Nous venons en effet d'apprendre le décès d'un cancer de Farrah Fawcett-Majors à l'âge de soixante-deux ans. Farrah Fawcett-Majors, qui fut à la ville la femme de *L'Homme qui valait trois milliards*, déclencha une véritable épidémie onaniste dans notre pays. Ceux qui découvrirent, en même temps que le deuxième choc pétrolier, la silhouette blonde et les yeux bleus de Farrah, alias Jill Munroe, qui devait enchanter de sa présence lumineuse la série *Drôles de dames* sur *Antenne 2*, ne manquèrent plus ce rendez-vous aussi sacré que la parution mensuelle de *Lui*.

Seule une minorité d'intellectuels lui préférait la brune Jaclyn Smith. Quant à Kate Jackson et son allure d'institutrice, ses fans se limitaient à quelques pervers se destinant à l'Éducation nationale. La gigantesque Farrah Fawcett-Majors, elle, aura eu une influence décisive, encore mal évaluée par les historiens et les sociologues, dans la création d'une libido masculine fantasmant sur les brushings à la lionne, les souitecheurtes rouges, les yeux couleur d'horizon.

Cela méritait d'être salué. Avec elle, c'est tout l'érotisme post-psychédélique de l'Amérique démocrate-carterienne qui disparaît.

Et notre jeunesse masturbatoire aussi.

Nikolaos Makazeros † 3 août 2009

MORT D'UN SOUDARD HELLÈNE.

*A*ut bene, aut nihil, « des éloges ou rien », disaient les Anciens quand il s'agissait de parler des défunts. Nous dérogerons, exceptionnellement, à la règle. La coïncidence est trop belle puisque nous apprenons cette nouvelle dans un exemplaire du *Monde* arrivé avec trois jours de retard dans une île des Cyclades où nous avons nos habitudes.

Nikolaos Makazeros est mort à quatre-vingt-dix ans, le 4 août. Il faisait partie de la junte militaire, les fameux colonels grecs qui installèrent le 21 avril 1967, avec l'aide logistique de la CIA, une dictature qui devait durer sept ans. La gauche était alors, bien entendu, sur le point de remporter les élections. Incompétents, incultes et brutaux, les colonels interdirent notamment l'étude de Platon et de Socrate pour homosexualité.

Artilleur, Nikolaos Makazeros se montra particulièrement féroce lors de la répression d'une grève étudiante de l'École polytechnique d'Athènes en 1973. Avec ses comparses, il fut lui-même renversé par le chef de la sécurité Dimitrios Ioannidis, tout aussi nullissime que ses prédécesseurs puisqu'il fut incapable de résister à l'invasion turque de Chypre qu'il avait lui-même provoquée, ce qui fit s'effondrer la dictature.

Condamné à mort pour haute trahison, Makazeros vit sa peine commuée en détention à perpétuité, sans doute parce que la sagesse antique, contrairement à la justice américaine, interdit la mise à mort des attardés mentaux. Libéré, Makazeros passa la fin de sa vie à tripoter un *komboloï* et à jouer au jacquet, avec le regard vide si caractéristique des brutes galonnées.

En revanche, l'écrivain Manólis Glézos, membre du Parti communiste, qui décrocha le 30 mai 1941, alors qu'il avait à peine vingt ans, le drapeau nazi qui flottait sur l'Acropole, se porte toujours à merveille et continue de recevoir aimablement dans son île natale de Naxos, juste en face de l'endroit où j'écris ces lignes. Il doit être content, le vieux camarade et je lui dis à bientôt.

En attendant, patron, remettez-moi un ouzo !

Thierry Jonquet † 9 août 2009

ROUGE C'EST LA VIE, ET NOIR AUSSI.

Il semblerait que les auteurs de romans noirs meurent jeunes ces temps-ci et notamment ceux qui n'ont jamais caché que pour eux la littérature était, aussi, un combat. Après A.D.G., après Fajardie, c'est au tour de Thierry Jonquet, à cinquante-cinq ans, de se faire rattraper par le Moloch, cette monstrueuse figure qui avait donné son titre à l'un de ses plus grands romans.

Moloch, comme le dieu cruel qui réclame des sacrifices humains à l'image de nos sociétés de marché que Jonquet, militant pendant de longues années à Lutte ouvrière puis à la LCR, avant qu'elle ne devienne le NPA, cette annexe médiatique de la contestation boboïsée, avait décidé d'explorer avec cette froideur méthodique et discrètement désespérée qui fait les grands écrivains réalistes. Pour en savoir plus sur l'engagement politique tel que le concevait Jonquet, on pourra lire le beau roman d'apprentissage, *Rouge c'est la vie*, qu'il a consacré à cette période où la fraternité révolutionnaire était une fête qui sentait bon la clandestinité, l'amitié et l'espoir. Son antistalinisme un rien rabique[1] de trotskyste l'amena aussi, au début de sa carrière de romancier, sous le pseudonyme de Ramon Mercader, à écrire *Du passé faisons table rase*, un roman à clef sur la résistible ascension d'un secrétaire général du PCF et qui se révèle un passionnant *whodunit* dans les travées du Comité central.

Mais l'essentiel de l'œuvre de Jonquet est ailleurs. Ayant travaillé pendant des années comme ergothérapeute en gériatrie et en psychiatrie avant de devenir instituteur spécialisé, il a exploré in vivo les détresses, les folies, les pathologies meurtrières, ce qui a apporté des thèmes tout à fait nouveaux au roman noir comme dans *Mygale*, récit d'un père qui venge sa fille violée en séquestrant le coupable et en le transformant en femme par des injections d'hormones ; ou encore dans *La Bête et la Belle*, réécriture achélémienne du conte de Perrault avec un inoubliable personnage de vieux conservant ses ordures dans son appartement[2]. Cette manière de flirter avec le réalisme fantastique trouvera son sommet dans *Ad vitam aeternam*, un de ses premiers gros succès de librairie. Thierry Jonquet savait néanmoins parfaitement maîtriser les codes du genre et son diptyque, *Les Orpailleurs* suivi de *Moloch*, en reprenant les mêmes personnages de flics et de juges, forme une saga unanimiste, à la McBain, qui restera une référence quand on voudra se documenter sur la France des années 1990. De même, Thierry

---

1. *Nobody is perfect.*
2. Pour l'anecdote, ce roman eut en son temps l'honneur de porter le numéro 2000 de la « Série noire ».

Jonquet est-il, à notre connaissance, le seul écrivain à avoir abordé, dans *Mon vieux*, la canicule de 2003 pour ce qu'elle était réellement : le fiasco d'un État-providence mis à genoux doublé d'un phénomène pré-apocalyptique.

Thierry Jonquet savait que le métier d'auteur noir comporte des risques, notamment celui de choquer les bonnes consciences en apportant de mauvaises nouvelles, simplement parce qu'on décrit ce qui se passe, ce qui se passe vraiment. Ainsi, n'ayant jamais sombré dans le polar de divertissement anxiogène ou le catéchisme de la gauche tendance angélique, il avait publié un roman (dont le titre est emprunté à un vers de Victor Hugo), *Ils sont votre épouvante et vous êtes leur crainte*[1] qui décrivait le quotidien d'une enseignante débutante dans une zone sensible en proie aux pulsions communautaristes.

Dire que les opprimés pouvaient se conduire comme des salauds n'avait évidemment pas plu à tout le monde. Pour certains, Karl Marx n'est qu'un barbu altermondialiste sympa grâce auquel on fait des beaux T-shirts, pour d'autres, comme Jonquet – et nous-même la leçon de *Les Luttes de classes en France* n'est pas de celles qu'on oublie : oui, c'est bien le lumpenprolétariat marionnettisé par les dominants qui a noyé dans le sang la tentative de révolution ouvrière en juin 1848.

Jonquet a su faire preuve du même refus du simplisme sur un autre dossier plus que chaud (mais

---

1. Qui lui valut en 2007 la médaille d'honneur de la Licra.

est-ce vraiment un autre dossier..?), le conflit israélo-arabe. Là encore, il a désespéré nombre de ses anciens camarades, ceux pour qui l'ostension d'un keffieh tient lieu d'analyse globale. Et quand, notamment aux côtés de La Paix Maintenant, il militait pour une paix juste au Proche-Orient, c'est bel et bien d'une vraie paix, donc vraiment juste pour les deux camps qu'il parlait. Sa première prise de conscience politique lui est venue en découvrant la Shoah : il en parlera très explicitement dans *Les Orpailleurs* mais de fait il en parlera toujours.

Ce devoir de déplaire, voire de tirer contre son propre camp dans une tradition toute bernanosienne, Jonquet l'avait assumé jusqu'au bout. C'est pour cela qu'il lui arrivera ce qui arrive assez peu souvent aux écrivains « de genre » ou aux écrivains tout court, d'ailleurs : être relu.

Patrick Swayze † 14 septembre 2009

DIRTY DYING.

Patrick Swayze est mort et il ne me donnera jamais son secret. Il a accompli dans ses différents rôles les seules choses qui m'ont vraiment fait rêver, à l'exception d'un destin de secrétaire général du PCF pour restaurer la ligne classe contre classe ou encore écrire un roman définitif, comme *Ulysse* ou *La Recherche*.

D'abord, il a embrassé Demi Moore sur « Unchained Melody » dans *Ghost*. Et Demi Moore est une des plus belles actrices au monde, quoique brune, tandis que *Unchained Melody* par The Righteous Brothers reste un sommet indépassable du doo-wop. Et bien que je sois un petit cartésien matérialiste, peu sensible aux brumes celtes, aux brouillards du roman gothique et aux halloweenades diverses avec fantômes, esprits et maisons hantées, je dois néanmoins avouer que je ne rate jamais une rediffusion de *Ghost*.

Ensuite, Patrick Swayze a sauté en parachute et fait du surf dans *Point Break*, un polar très testosteroné d'une des plus efficaces réalisatrices de films d'action d'Hollywood, la grande Kathryn Bigelow, qui aime les mecs, les flingues et les nanas qui en ont comme Jamie Lee Curtis dans *Blue Steel*.

Ce qu'il y avait de bien dans *Point Break*, c'était que Patrick Swayze était le gourou cool d'une bande de surfeurs qui braquaient des banques en se déguisant avec des masques de présidents américains. Ils fumaient de l'herbe, passaient leur temps à chevaucher des rouleaux impressionnants, à faire l'amour au bord de l'océan, bref, à vivre dans un temps libéré de la production où le développement de chacun était l'unique condition du libre développement de tous. On imaginait bien, dans ce film, Swayze lire Kerouac et Brautigan dans l'aube californienne, avant d'attaquer les murs de vagues sous un gros soleil rouge.

Et puis Patrick Swayze savait danser. Et salement bien. *Dirty Dancing*, vous vous souvenez ? C'était en 1987, mais c'était censé se passer dans les années 1960, dans l'Oregon, à l'époque où l'Amérique était encore innocente et où les corps rencontraient les corps dans cette incroyable et unique sensualité de l'espace créée par le rock.

Nous, on s'était cru malin jusqu'à cette date parce qu'on ne se débrouillait pas trop mal dans les mariages et que l'on s'en tirait en frimant avec les deux mêmes passes acrobatiques apprises par une cousine très patiente, dix ans auparavant. Et voilà que toutes nos illusions s'écroulaient avec Patrick Swayze, qui semblait faire l'amour tout habillé sur « Love Man » d'Otis Redding.

Incarnation de cet hédonisme aimable, presque anarchiste, qui est un des aspects les plus séduisants des USA, Patrick Swayze a finalement été dans les années 1980 et 1990, en pleine contre-révolution reaganienne, une manière de contrepoint souriant et sexy à une époque assez sombre, comme une survivance presque anachronique, une poche temporelle échappée des années Kennedy.

Espérons que Patrick Swayze y trouvera, avec des filles pour danser et des planches de surf pour glisser sur l'éternité, un asile politique définitif.

Michaël Blaise † 28 décembre 2009

AU PAYS OÙ LA MORT EST MOINS CHÈRE.

Michaël Blaise, « marginal » comme on dit, plus ou moins SDF, a été victime de ce qu'il faut bien appeler une exécution par cinq vigiles de Carrefour. Il était coupable d'un vol de canette de bière. Ce n'est pas bien de voler une bière mais jusqu'à preuve du contraire, dans les Dix Commandements, « Tu ne voleras point » arrive derrière « Tu ne tueras point » et, quelles que soient les circonstances, quel que soit le passé des uns et des autres, et même dans les sociétés primitives, comme les USA par exemple, pratiquant encore la peine de mort, aucun vol, même le plus scandaleux, n'est passible du châtiment suprême. Sinon, chez nous, il aurait fallu restaurer la guillotine pour mal de monde au moment des affaires du Crédit lyonnais ou d'Elf Aquitaine. On s'est contenté d'envoyer ces voleurs, qui jouaient plutôt dans la catégorie « rétrocommissions sur frégates » que « canette de Bavaria », dans des quartiers VIP de la Santé, ce qui leur a permis d'éviter d'être sodomisés et d'écrire de bouleversants témoignages sur la condition pénitentiaire pour des à-valoir bien moelleux. Et c'est très bien comme ça, d'ailleurs : justice est faite.

Dans la mort de ce pauvre garçon asphyxié sous le cul d'un vigile, on peut certes voir un fait divers. Seulement, il n'y a pas de fait divers au sens où Lacan disait qu'il n'y avait pas de rapport sexuel. Ou pour dire les choses autrement, le fait divers n'est jamais gratuit, il renvoie toujours à un état de la société. Longtemps, par exemple, avant l'américanisation du monde, le serial killer fut un phénomène anglo-saxon pour des raisons liées étroitement au puritanisme WASP, qui entretenait avec la sexualité des rapports complètement angoissés, voire schizophrènes. Stéphane Bourgoin, le spécialiste de la question, explique cela très bien. Dans l'affaire qui nous intéresse, il est d'abord utile de se souvenir que cela se passe chez Carrefour, vous savez l'enseigne dont l'ancien PDG a voulu partir avec plusieurs dizaines de millions d'euros d'indemnités alors qu'il avait à moitié planté la boîte et que des employés du côté de Bordeaux, exactement au même moment, se battaient pour une augmentation d'un euro de leurs Tickets Restaurant... Carrefour dont les méthodes de management par la terreur sont connues comme parmi les plus dures de la grande distribution. Quand une caissière est soumise à des impératifs de rentabilité, elle se plante dans le ticket de caisse ou fait une dépression nerveuse. Un vigile, lui, se met à tuer. C'est assez logique, et j'espère que les avocats de ces quatre hommes auront l'intelligence de jouer là-dessus plutôt que de tenter de salir la victime, qui répétons-le, quel que soit son pedigree, n'avait aucune raison de ressortir les pieds devant du pays où la mort est moins chère.

Plus généralement, ce fait divers pose la question de la manière dont une société de plus en plus libérale assure sa sécurité. En théorie, dans le libéralisme classique, la Sécurité fait partie des domaines régaliens de l'État, avec la Défense, les Affaires étrangères, la Justice ou la levée des impôts. Il semble que ce soit de moins en moins le cas, ici comme aux USA d'ailleurs. Cela a commencé avec les polices municipales, devenues dans certaines villes comme Levallois de véritables gardes prétoriennes au service du maire. Cela s'est poursuivi avec des corps plus ou moins mixtes comme les agents de la sécurité de la RATP. Ce gouvernement ne cesse de dire qu'il aime la Police nationale, celle qui est réellement formée, passe des concours difficiles, mais son impératif idéologique du non-remplacement d'un fonctionnaire sur deux s'applique aussi chez les pandores. La sécurité, c'est un métier, ça s'apprend et pas avec une formation bidon pour le neveu du maire qui va devenir chef de la police municipale de Loing-sur-Burettes et se prendre pour Rambo quand il surveillera la sortie des bals populaires.

Imaginez un instant que, pour raison de restrictions budgétaires, les polices privées et autres escouades de vigiles soient intervenues, même en partie, lors des révoltes de la banlieue en 2005. Alors que les forces de l'ordre ont fait preuve d'une abnégation et d'un sang-froid remarquables, limitant la casse humaine au maximum, on peut penser que les cohortes de flingueurs mercenaires auraient quant à elles laissé des dizaines de cadavres sur l'asphalte et le béton.

Les sociétés qui veulent survivre ont tout intérêt à confier l'Ordre public et leur Défense extérieure à des gens qui ne le font pas simplement pour une fiche de paie mais sont animés aussi par un minimum de civisme ou d'amour de la Patrie. Sinon, on finit comme Carthage, pays de marchands qui confiaient la guerre à d'autres, vaincue par les légionnaires de Rome qui savaient, eux, pourquoi ils se battaient.

Nous n'en sommes pas encore là, nous n'avons pas, comme l'Amérique en Irak, employé les criminels de guerre de Blackwater, cette armée privée qui s'est sinistrement illustrée dans les combats de Fallouja.

Mais l'assassinat d'un jeune homme dans l'arrière-salle d'un hypermarché, n'est qu'un des premiers symptômes de cette privatisation de l'imprivatisable, si glorifiée aujourd'hui.

Éric Rohmer † 11 janvier 2010

PAULINE N'IRA PLUS À LA PLAGE.

En art, on oublie trop souvent que seule la tradition est révolutionnaire. Éric Rohmer, royaliste de cœur et cinéaste de génie, a illustré cet apparent paradoxe par des films tellement français que si notre pays disparaissait, on aimerait que les archéologues du futur tombent plutôt sur un DVD de *Ma nuit chez Maud* que sur un roman de Christine Angot. Ce serait tout de même mieux pour comprendre qui nous fûmes réellement, pour comprendre ce qui ne mourait pas en nous, malgré toutes les mondialisations malheureuses et tous les désenchantements programmés d'une planète uniformisée par un progrès suicidaire.

En effet, qui mieux que Rohmer pour donner à voir et à savoir ce qu'a été notre façon nationale de jouer avec l'amour et le hasard et d'oublier qu'il faut qu'une porte soit ouverte ou fermée ? Comment nous avions l'art, également, de parler de sentiments et de raison, un pull bleu marine sur les épaules, tout en contemplant la sensualité rêveuse de Sophie Renoir dans *L'Amie de mon amie* ou la désinvolture acidulée d'Amanda Langlet dans *Pauline à la plage* ?

Éric Rohmer, né en 1920, était l'aîné d'une bande d'élégants voyous cinéphiles et cinéphages que l'on a appelé la Nouvelle Vague à la fin des années 1950. Parce que Godard a tourné *La Chinoise* au moment du maoïsme, que Chabrol a passé sa carrière à stigmatiser le bourgeois sanguinaire, le garagiste beauf ou la Bovary en robe Paco Rabanne et que Rohmer lui-même a fait jouer à Pascal Greggory un édile du PS dans *L'Arbre, le Maire et la Médiathèque*, on a souvent cru, par une illusion d'optique assez amusante, que ces garçons dans le vent, barricadés dans les *Cahiers du Cinéma*, étaient des avant-gardistes, las du monde ancien.

C'est oublier un peu vite que Godard ne croit qu'au sujet et à l'individu, pariant toujours sur Pierrot-le-Fou et Michel Poiccard contre les flics du structuralisme, que Chabrol est un misanthrope gourmand qui fait lire Céline à des chocolatiers suisses, qu'Alain Cavalier tourne des films splendides de noirceur mais est fasciné par l'OAS comme dans *Le Combat dans l'île* ou *L'Insoumis* et, *last but not least*, que Truffaut préfère adapter David Goodis et William Irish plutôt que de faire semblant de s'intéresser aux idées générales.

C'est que la Nouvelle Vague, et Rohmer au premier chef, a eu une intuition géniale, la même que celle du prince Salina dans *Le Guépard* : « Il faut que tout change pour que rien ne change. »

Tout changer, cela signifiait rejeter une narration cinématographique usée qui mimait le récit littéraire et à laquelle on ne croyait plus. Tout changer, c'était aussi transformer jusqu'à la nature du son et de l'image avec le Nagra et le 16 mm, c'est-à-dire savoir dompter sans complexe la technologie. Ce n'est pas un hasard si dans *L'Anglaise et le Duc*, Rohmer fait appel au dernier cri en matière d'image de synthèse pour parler de la Révolution française et, néanmoins, approuver la lucidité désespérée d'une Grace Elliot royaliste contre la naïveté sympathique et dangereuse de Philippe d'Orléans.

Ne rien changer, en revanche, c'était cajoler cette idée réactionnaire, mais incontestable et délicieuse, d'un éternel féminin. Ne rien changer, c'était conserver ce goût du français, la langue la plus précise et la plus agréable qui soit pour la conversation, idéale pour l'amour et la diplomatie, pour disserter du tracé des frontières et de celui des émotions, une langue préservée depuis *L'Astrée*, comme par hasard le sujet du tout dernier film de Rohmer, *Les Amours d'Astrée et de Céladon*. Une langue qui est l'objet d'une course de relais dans le temps avec Marivaux, Musset et Morand dans le rôle des passeurs. Cette même langue qui se retrouvait, toujours aussi pure, une nuit enneigée de Noël 1969, à Clermont-Ferrand, dans la bouche délicieuse de Françoise Fabian quand j'aurais tellement voulu rester, moi aussi, chez Maud.

Il fut un homme secret, « le Grand Momo », qui s'épancha si peu – la morale classique, toujours. Il naît à Tulle dans une maison avec vue sur la Corrèze. Son père, fonctionnaire à la préfecture, ne jure que par l'éducation de ses enfants, un deuxième fils, le futur philosophe René Schérer, voyant le jour deux ans plus tard, en 1992. Lectures, mises en scène de pièces de théâtre au lycée mais aussi jeux sous les combles et dans le jardin : Maurice est un enfant sage, peut-être un peu mélancolique, mais sans excès.

Sa première passion sera l'écriture, et elle durera toute sa vie. Les scénarios de ses futurs films sont très souvent tirés de nouvelles écrites alors qu'il n'était encore qu'un jeune homme déçu par son échec à Normale sup et à l'agrégation, et se retrouvant, presque par défaut, professeur certifié de lettres classiques. Dans les textes qu'il publie dans les années 1940, après avoir été démobilisé et vivant dès 1943 à Paris dans une chambre meublée, on retrouve entre autres, avec plus de vingt-cinq ans d'avance, ce qui formera la trame janséniste et sensuelle de *Ma nuit chez Maud* ou aimablement fétichiste du *Genou de Claire*. Cette passion de l'écriture aboutira à la publication, en 1946, d'un roman chez Gallimard, *Élisabeth*, qui ne connaîtra aucun succès.

Maurice Schérer prend à cette occasion un premier pseudonyme, Gilbert Cordier. Cette manie du pseudonyme, on peut lui donner une raison psychologique : Maurice ne voulait surtout pas faire de peine à sa mère pour qui toute carrière autre que professorale relevait d'une bohème inacceptable. On peut aussi y voir une preuve de son classicisme : le moi est haïssable et seule compte la finesse de l'analyse appliquée aux comportements de personnages. L'auteur, écrivain puis cinéaste, se doit de s'effacer dans sa création. Il préférera aussi, comme un classique, choisir l'économie de moyens. L'utilisation de la caméra de 16 mm en fera partie et Rohmer, quand il obtiendra des budgets plus importants, manifestera encore son désir d'un cinéma fait avec peu de chose, gage d'un art de l'épure, stylisé à l'extrême car on sait que le classicisme est d'abord un réalisme de l'essentiel.

Mais le plus important, pour nous, c'est que nous avons appris les jeunes filles avec Rohmer, le Rohmer des *Comédies et Proverbes*, ces trésors improbables qui scintillaient dans les sinistres années 1980. Nous avions vingt ans, et sur l'écran nous voyions des garçons qui roulaient en 4L sur des voies rapides mais parlaient comme chez Chardonne. La carte du Tendre se superposait magiquement au plan de Cergy-Pontoise. Nous désirions ces femmes qui peignaient des abat-jours dans des boutiques branchées de province. Elles étaient belles comme les amies de nos mères mais avaient la distance amusée des précieuses et nous disaient, comme Madame Deshoulières : « Un amant sûr d'être aimé/Cesse toujours d'être aimable. »

Quant à nos petites amies, finalement, leur inconstance nous surprenait à peine. Nous étions renseignés depuis longtemps par Pascale Ogier dans *Les Nuits de la pleine lune* : danser sur Elli et Jacno n'empêche pas de badiner avec l'amour, bien au contraire. Nous aimions ces actrices qu'on appelle les rohmériennes, car tout de même, soyons honnêtes, c'est souvent par les rohmériennes que les rohmériens le sont devenus. La première fois que certains d'entre nous ont vu le corps de Jessica Forde dans *Quatre aventures de Reinette et Mirabelle* ou encore celui d'Haydée Politoff dans *La Collectionneuse*, ils ne s'en sont jamais remis. Sans doute parce que Rohmer les aimait, ce qui est une chose, mais savait aussi les faire bouger, lui qui fut le brillant théoricien du cinéma comme « art de l'espace ». Fasciné par Pascal autant que par la comtesse de Ségur, Rohmer a donné à ses actrices ce mélange de gravité et de candeur, de pertinence et de cruauté, qui font d'elles autant de petites amies possibles, éternellement jeunes et que l'on retrouve à chaque fois aussi bien sur les plages bretonnes que dans les décors d'une ville nouvelle, toujours habitées par ce qu'on pourrait appeler, avec un léger abus de terminologie pascalienne, la grâce efficace.

Celle, aussi, que Rohmer aura gardée jusqu'à sa mort le 11 janvier 2010.

Jean Ferrat † 13 mars 2010

UNE VOIX DE MOINS.

Jean Ferrat, c'est d'abord le souvenir d'un léger éblouissement quand on vous juche sur les épaules d'un père ou d'un oncle pour voir sa silhouette sur la scène. Vous êtes dans la foule d'une Fête de *L'Huma* au cœur des années 1970. Il fait beau évidemment, presque aussi beau que dans la chanson « Deux enfants au soleil », un de ses premiers succès et qui reste pour vous comme le programme commun d'une rêverie jamais abandonnée autour de ce que pourrait être le communisme enfin réalisé : le temps libéré dans un monde sexy, poétique et balnéaire. C'est vrai que vous avez tellement flirté sur cet air-là, ensuite. Comme plus tard, dans « L'Amour est cerise », vous mettrez en pratique ce sage conseil :

« Vertu ou licence
Par Dieu je m'en fous
Je perds ma semence
Dans ton sexe roux. »

Jean Ferrat, c'est aussi votre quarantaine. La première fois que vous avez cru passer de l'autre côté. Vous tenez deux mois contre une pleurésie sur votre lit d'hosto, avec des drains un peu partout. Vous vous sentez comme un vieillard, vous avez tout le temps mal malgré la morphine qui ne fait que mettre la douleur à côté. Et puis ça remonte, ça revient, et un jour, vous sortez à petit pas. Et dans la voiture, vous allumez l'autoradio et « Que c'est beau la vie » passe sur *Radio Nostalgie*. Alors, les larmes vous montent aux yeux parce qu'il y a des petits matins où les apparentes banalités deviennent les plus belles vérités philosophiques que vous n'entendrez jamais. La force, sans doute, de ce que l'on appelle un peu vite la variété.

Le jeune Proust, dans *Les Plaisirs et les Jours* savait déjà tout ce que peut apporter cette musique prise de haut par quelques pointilleux prétentieux : « Combien de mélodies, de nul prix aux yeux d'un artiste, sont au nombre des confidents élus par la foule des jeunes gens romanesques et des amoureuses. »

Des jeunes gens romanesques et des amoureuses, c'est fou ce que nous avons pu en rencontrer au Parti communiste. Le communisme, quoi qu'on en dise, ce fut quand même la grande affaire dans la vie de Jean Ferrat. Ce sont des communistes qui l'ont caché pendant l'Occupation quand il s'appelait encore Jean Tenenbaum et que ce n'était pas le genre de nom idéal pour survivre. Il s'en souviendra dans la chanson « Nuit et Brouillard », la première sur la question, un vrai tube censuré, ou plutôt « déconseillé de passage radio » par cette France des sixties qui voulait oublier le passé qui ne passait pas dans la vague yéyé. Mais cela n'empêcha pas *Europe 1* de la programmer, achevant d'en faire, pour les années à venir et jusqu'à aujourd'hui, la chanson de référence sur le sujet de la déportation. En revanche, « Potemkine », là, fut franchement interdite d'antenne.

Oui, je sais, Jean Ferrat n'a jamais eu sa carte du Parti. Il était ce qu'on appelle un compagnon de route. Compagnon de route, c'est vivre à la colle avec le Parti alors que l'encarté est marié. Il ne peut pas toujours dire à sa femme ce qu'il pense d'elle, surtout quand il arrive à cette dernière de faire n'importe quoi. Jean Ferrat, lui, pouvait. C'était l'amant. C'est pour ça, paradoxalement, qu'il est resté fidèle jusqu'au bout puisqu'il était encore sur le comité de soutien à la liste Front de gauche en Ardèche pour les élections qui ont lieu ce dimanche. Ferrat, une voix de moins…

Oui, il est resté fidèle parce qu'il a pu dire dans « Camarade » ce qu'il pensait du Printemps de Prague et dans « Le Bilan » dauber sur la fameuse expression de Marchais, « bilan globalement positif » quand on l'interrogeait sur les pays de l'Est. Seulement, qu'on ne se réjouisse pas trop vite du côté des anticommunistes pathologiques. Tout le monde n'est pas Stéphane Courtois pour cracher hystériquement dans la soupe dont il s'est pourtant repu jusqu'à plus soif. Le refrain du « Bilan », c'est le nôtre, encore aujourd'hui, et ce n'est pas près de changer, malgré tout ce qu'il nous a fallu avaler comme couleuvres :

« Au nom de l'idéal qui nous faisait combattre
Et qui nous pousse encore à nous battre aujourd'hui. »

Oui, Jean Ferrat, c'est aussi nos doutes, à nous les communistes. Mais on a ceci de particulier, c'est que l'on accepte les remises en question, mais en famille. Pour rester dans le domaine de la variété, quand Sardou s'est mis à chanter « Lénine, réveille-toi ils sont devenus fous », cela nous a fait hurler de rire à l'époque. Ce réac atlantiste en déçu du communisme au milieu des années 1990, tout de même, il ne manquait pas d'aplomb. Vous imaginez ? C'est comme si Jean Ferrat s'était permis une chanson sur Friedmann et Pinochet en pleurant sur la trahison du modèle libéral.

Et puis après tout, Ferrat, il n'est pas seulement à nous. Comme Aragon, qu'il a si bien chanté. Ils appartiennent au patrimoine national. Ils ont su, ces internationalistes, chanter comme personne nos paysages, nos rivières, nos saisons, nos poètes. Parce qu'ils ont compris, comme tous les communistes français conséquents, qu'il ne sert à rien de vouloir aimer les autres si on ne s'aime pas soi-même. Notre chanson préférée de Ferrat, pour tout vous dire, celle que nous nous repassons en boucle depuis que nous avons appris la nouvelle et que nous sommes surpris par la puissance de feu de notre chagrin, c'est « Ma France » :

> « Cet air de liberté au-delà des frontières
> Aux peuples étrangers qui donnaient le vertige
> Et dont vous usurpez aujourd'hui le prestige
> Elle répond toujours du nom de Robespierre
> Ma France. »

Trois employés de banque grecs † 5 mai 2010

QUAND GOBSECK GIFLE APHRODITE.

L e premier sang a coulé. C'était à Athènes, mercredi après-midi. Trois employés de banque sont morts sur leur lieu de travail. Il paraît que ce sont des anarchistes qui ont attaqué l'établissement à coups de cocktails Molotov. C'est sans doute vrai. Qu'ils aient finalement été allumés dans de confortables bureaux climatisés du côté de Washington, de Bruxelles ou de Berlin, on se gardera bien de le dire. Ce ne serait pas convenable. Que le directeur ait enfermé son personnel dans les locaux non plus.

Il faisait beau. Ce doit être particulièrement pénible de mourir par une belle journée de printemps pour quelque chose qui n'existe pas et qui s'appelle un déficit, une dette ou une monnaie unique dont les billets affichent des paysages et des monuments sortis d'un programme informatique. Mourir à cause de quelque chose de profondément irréel, quelque chose de « fétiche » aurait dit Marx, et qui n'est visible que dans quelques graphiques tracés par des Khmers de salles de marché, toujours prêts à privatiser des profits démentiels et à socialiser des pertes délirantes.

Quelque chose dont Guy Debord, en 1988 déjà, dans ses *Commentaires sur La Société du Spectacle* avait déjà parfaitement compris le fonctionnement : « Jamais censure n'a été plus parfaite. Jamais l'opinion de ceux à qui l'on fait croire encore, dans quelques pays, qu'ils sont restés des citoyens libres, n'a été moins autorisée à se faire connaître, chaque fois qu'il s'agit d'un choix qui affectera leur vie réelle. »

On aura rempli le cercueil de trois employés de banque avec des abstractions. Seuls les corps carbonisés et asphyxiés rappelleront que quelque chose a vraiment eu lieu. Il ne faudrait tout de même pas qu'il y en ait trop. Les odeurs de charnier, même au ciel des idées du néolibéralisme, ça va finir par faire mauvais genre.

Contrairement aux idées reçues, les tragédies se passent le plus souvent en plein soleil. Les Grecs s'y connaissent, en tragédie. La tragédie, Eschyle et Sophocle l'ont inventée, tout de même. Une tragédie, c'est une fatalité mise en scène, une contradiction sans fin, un dilemme insurmontable : les Perses, les Turcs, les nazis, la guerre civile entre communistes et royalistes dans les années 1946-1949, la dictature des colonels en 1967. Et maintenant, le bombardement assassin du trimoteur de la troïka formée par l'Union européenne, la BCE et par le FMI. Un modèle assez lent au démarrage mais aux attaques en piqué redoutables.

Qui pouvait penser un seul instant que le peuple grec allait se laisser faire ? Le Premier ministre, Pa-

pandréou n'y croyait pas lui-même. Sa belle gueule désespérée, quand il a annoncé le plan de rigueur, joli nom de napalmage social exigé par l'Union européenne sous contrôle allemand d'un côté et le FMI sous contrôle des agences de notation de l'autre, en rappelait d'autres. Celles des chefs d'États qui acceptent avec un flingue sur la tempe une catastrophe pour éviter une catastrophe plus grande encore, tout en sachant qu'ils font une saloperie dont personne ne leur sera reconnaissant. Pétain, Jaruzelski, on vous laisse le choix de la couleur parce qu'il n'y a pas de couleur, seulement une attitude assez fréquente dans l'Histoire. Les acteurs changent mais le scénario reste le même. Cette impression, oui, qu'il allait consciemment à la mort, au moins politique. Comme un héros de tragédie, on ne se lassera pas de vous le répéter.

Qui pouvait penser un seul instant qu'un peuple comme celui-là allait avaler les couleuvres idéologiques du néolibéralisme et accepter de payer pour une situation créée il y a moins de deux ans par ces mêmes donneurs de leçons, ces mêmes experts, hauts fonctionnaires européens ou banquiers spéculateurs de Goldman Sachs ? Du sang et des larmes ? C'est ça ? Vraiment ? Pour apurer la folie des financiers à qui la BCE continue à prêter à 1 % tandis que les banques vont prêter à la Grèce à des taux allant de 4 à 8 % ?

Ils vont penser quoi, les Grecs, des « pays frères » de l'Union européenne ? Ils croyaient qu'ils étaient de la famille, que l'Europe était une famille. Quand

vous avez un cousin dépensier mais cultivé, légèrement bohème, s'il vous demande un peu de pognon,
vous lui demandez des intérêts, vous ?

Et pourtant, la Grèce et la France, c'est une vieille
histoire d'amour. On les a toujours aidés contre les
Turcs et c'est de Salonique qu'est partie la magnifique
armée de Franchet d'Espèrey en 1918 pour aller libérer les Balkans avec des bribes de troupes grecques
et serbes. C'est en français, encore aujourd'hui, que
certaines boîtes aux lettres indiquent fièrement leur
appartenance aux « postes helléniques ». C'est en français, avant l'anglais, que dans de nombreux petits mu-
sées des Cyclades ou d'Argolide, de sages étiquettes
tapées à la machine vous indiquent qu'il s'agit, sous la
vitrine un peu poussiéreuse, du bracelet torsadé ayant
appartenu à une coquette mycénienne.

Spécialité de la France : renier Jacques Bainville et
passer son temps à insulter ou à blesser ses alliés historiques dans la région. Ce ne sont pas les Allemands
qui feraient un coup comme ça aux Hongrois ou aux
Croates. Mais la France, elle, qui s'oublie en matière
de politique extérieure comme s'oublient les vieilles
dames (à part le sursaut héroïque de Villepin à l'ONU
contre Bush), n'a pas hésité à bombarder Belgrade et
le Kosovo en 1999. On pourra lire à ce sujet le récent
Roman de Belgrade de Jean-Christophe Buisson pour
mesurer à quel point on sait décevoir, et même désespérer nos meilleurs amis.

Et là, dix ans plus tard, on pousse discrètement
l'infamie un peu plus loin. On ne bombarde pas le

peuple grec, non (ou pas encore), on lui prête avec intérêt. Quatre milliards à 5 %, sur trois ans. Ce n'est plus Hugo versifiant la guerre d'indépendance dans *Les Orientales* ou Delacroix peignant les massacres de Scio, c'est juste Gobseck qui gifle Aphrodite.

On en attend quoi, en admettant, chose hautement improbable, que les événements se passent comme dans les rêves des éditorialistes économiques ? Un retour sur investissement avec un bénéfice de quelques centaines de millions d'euros ? Et on les aura gagnés sur quoi, ces deniers de Judas ? Léon Bloy aurait dit : sur le sang du pauvre. Disons, pour être clair : sur la mort supplémentaire de quelques vieillards dans des urgences surchargées du côté de Patras ou de quelques ouvriers dans un chantier où ne régnera plus que le fantôme d'un quelconque droit du travail. Parce que si l'Union européenne a adoré légiférer sur l'appellation contrôlée de la féta, elle sera beaucoup moins regardante sur la manière dont les Grecs s'y prendront pour rabouler la thune et elle n'ira pas compter le nombre réglementaire des boulons sur un échafaudage.

Il serait peut-être temps que la France qui, dieu merci, a encore quelques défenses immunitaires contre la muflerie marchande, cesse de se comporter comme un des rayons mal achalandés de l'épicerie planétaire et comprenne que ce n'est pas un plan économique d'austérité qui est infligé à la Grèce : c'est un acte de guerre contre un peuple, un peuple qui n'a plus ce fameux droit à disposer de lui-même. Et qui a fait, donc, trois morts mercredi.

Il serait peut-être temps que la France se souvienne qu'il y a entre elle et la liberté du monde un pacte vingt fois séculaire, comme disait notre dernière grande silhouette historique, ce Général qui dieu merci avait refusé de « s'adapter à la situation », comme on dit ces temps-ci pour expliquer qu'il n'y a pas d'alternative.

Et que la liberté du monde, elle, fut justement pensée pour la première fois quelque part dans le matin bleu et profond de ce que les historiens ont appelé, comme par hasard, « le miracle grec ». Un miracle auquel, pour le coup, nous devons tout ou presque.

Patrick Cauvin † 13 août 2010

ÉCRIVAIN POPULAIRE.

Dans les années 1970, Guillaume Musso et Marc Levy s'appelaient Patrick Cauvin. C'est dire si l'époque était plus sympathique. Un écrivain pouvait vendre des centaines de milliers d'exemplaires sans prendre ses lecteurs pour des cons. Il pouvait aussi écrire un français dont la pauvreté n'annonce pas la novlangue de demain, à base de sabir informatique et d'anglais véhiculaire. Il n'était pas obligé d'avoir recours à des nazis télépathes, des fantômes de nénettes déjà inconsistantes de leur vivant, de la démagogie larmoyante, du politiquement tellement correct qu'il n'est plus ni politique ni correct pour qui sait lire ces fables complotistes qui ne cessent en filigrane de trouver l'ordre de ce monde-là aimable, et même vivable.

Mais Patrick Cauvin vient de mourir. Il avait soixante-dix-sept ans et avait obtenu un succès phénoménal avec $E = mc^2$ *mon amour*. C'était l'histoire de Roméo et Juliette, ou plutôt de Tristan et Iseult, vécue par des adolescents surdoués dans la France de Giscard. On se souvient de l'avoir lu en édition Club.

C'était un livre de « la bibliothèque des parents ». On n'était un peu méfiant, toujours, avec les livres de « la bibliothèque des parents ». On avait seulement treize ans mais on était déjà très snob : on ne croyait qu'à la littérature et la littérature était une affaire d'écrivains morts. On avait dû lire ça un jour de disette. Et la disette s'est transformée en festin.

On aurait voulu être comme les héros : très intelligents, très amoureux, très drôles et puis s'enfuir à Venise. On se souvient d'avoir lu dans la foulée un autre roman de Cauvin sur un sujet similaire, l'amour impossible. Les protagonistes étaient un catcheur et une libraire qui louchait. Impossible de retrouver le titre mais, en même temps, il n'y a pas beaucoup d'histoires dont je me souvienne trente ans après. Même en admettant que l'adolescence fasse de nous des plaques particulièrement sensibles, les photographies de la mémoire pâlissent tout de même assez vite.

Si par hasard vous lisez un Musso ou un Levy (on a tous droit au mauvais goût), il est possible, pourquoi pas, que vous passiez un moment distrayant mais ne venez pas me dire que vous vous en souvenez six mois après.

Patrick Cauvin était sur le plan littéraire le représentant des années Minitel là où Musso et Levy sont ceux des années téléphone portable. Le Minitel, c'était une technologie faite pour relier tout le monde sans distinction d'origine. C'était gratuit, ou presque. Un genre de service public. Le portable, lui, n'est pas là pour relier mais pour montrer que son porteur est dans le vent dominant de la quincaillerie électronique. Quand Musso et Levy mettent en scène des riches et des fantômes, Cauvin mettait en scène des vivants un peu cassés par leur intelligence ou leur physique. Cela ne l'empêchait pas de faire des best-sellers. Il était d'un temps où la littérature, et donc la société, savait encore s'occuper des perdants, et les aimer aussi.

Prof de français dans une banlieue d'avant l'effondrement, Patrick Cauvin s'appelait en fait Claude Klotz. Il avait choisi le nom de Cauvin pour raconter ses histoires d'amour parce qu'il avait déjà utilisé le vrai pour raconter des horreurs. Les horreurs en question étaient des genres de polars très brefs, très violents, écrits dans un style behavioriste qui est aussi à la même époque, celui de Jean-Patrick Manchette. Ils mettaient notamment en scène un héros récurrent, Reiner, et avaient pour titres *Sbang-sbang*, *Putsch punch* ou *Darakan*. On les trouvait, au début des années 1980, édités ou réédités par 10/18, avec des couvertures de Monory. C'était bien vu, pour ces romans glacés qui sont peut-être les véritables chefs-d'œuvre de l'écrivain : le froid, en littérature comme pour l'alimentation, ça conserve mieux.

On l'avait rencontré dans un improbable salon du livre du côté de Port-Vendres, sans doute la seule journée de l'année où il a plu comme ça dans la région. Il s'est montré amical, aimable, ce qui devient très rare chez les écrivains à gros tirages qui ont l'impression, en voyant des collègues plus jeunes ou moins prestigieux ou les deux, que ça va leur porter la scoumoune s'ils vous parlent. Alors ils gardent une manière d'air distant, qui donne l'impression qu'ils ont eu un AVC récent.

Sous le nom de Klotz, parce que décidément, comme tout romancier populaire, il savait d'instinct ce qui travaille l'imaginaire d'une époque, Patrick Cauvin a aussi connu un grand succès avec *Les Innommables*, un roman sur la Préhistoire qui adoptait pourtant un parti pris à la limite de l'expérimental : écrire dans le langage des hommes préhistoriques eux-mêmes. Il croyait parler du passé. On peut se demander s'il n'annonçait pas l'avenir.

Claude Chabrol † 12 septembre 2010

MORT D'UN SNIPER.

« Le terrorisme gauchiste et le terrorisme étatique, quoique leurs mobiles soient incomparables, sont les deux mâchoires du même piège à cons. » La phrase est de Jean-Patrick Manchette dans *Nada* mais elle est reprise telle quelle dans l'adaptation que Claude Chabrol fit en 1974 de ce roman noir vachard et très politique. *Nada* raconte comment un groupe d'extrême gauche décide d'enlever l'ambassadeur des États-Unis, se fait manipuler par le pouvoir et les polices parallèles, avant de terminer son épopée dérisoire dans un carnage général. Le film est une critique impitoyable des années Marcellin, quand on pratiquait la chasse à l'ennemi intérieur dans des 404 bourrées d'hommes de main du SAC et que les gauchistes flirtaient avec des envies de lutte armée. *Nada* résume ainsi très bien la façon madrée dont Chabrol procédait : se décentrer en permanence pour trouver l'angle de tir qui permet d'aligner en sniper de la caméra une société dans son ensemble.

L'erreur serait de penser que, dans ce film comme dans tant d'autres, il renvoie tout le monde dos-à-dos et adopte une posture d'anar de droite à laquelle on l'a trop souvent réduit. D'abord, l'appellation ne veut pas dire grand-chose puisque l'anar de droite n'est ni anar ni de droite mais plutôt égaré dans une rêverie féodale où l'amitié et la loyauté seraient les seules valeurs d'usage acceptables. Ensuite, Chabrol était plutôt un bourgeois sceptique, jouisseur, provincial, cachant derrière ses satires de mœurs et sa bonhomie rigolarde une inquiétude permanente et réelle devant la seule chose qu'il estimait hautement comique mais aussi très dangereuse : la bêtise.

Il n'était pas fils de pharmacien de la Creuse pour rien et il s'est toujours souvenu de la figure de Homais, au point de confier le rôle du potard normand positiviste à un de ses acteurs fétiche, Jean Yanne, quand il adapta *Madame Bovary* en 1991.

En ce moment, donc, c'est *Nada* notre Chabrol préféré, celui que nous avons revu hier soir en DVD pour rendre notre hommage personnel à un cinéaste qui nous a appris, notamment, le mauvais esprit ou l'esprit de contradiction, comme on voudra. C'est un DVD import de surcroît, commandé sur Internet il y a quelque temps déjà : la politique de réédition des grands cinéastes de la Nouvelle Vague, qu'il s'agisse de Rohmer ou de Godard, est en effet soumise à un arbitraire qui laisse de grands trous dans les collections de l'amateur.

La question de l'œuvre préférée chez un artiste qu'on aime est finalement la seule qui vaille. Surtout quand l'artiste en question en a produit beaucoup :

Chabrol n'avait pas la prolixité foutraque de son co-pain Mocky mais il est tout de même l'auteur d'une bonne soixantaine de films pour le cinéma et d'une vingtaine pour la télévision.

Chabrol aimait beaucoup Simenon et Balzac. On a tous, par exemple, un Simenon préféré. Ou un Balzac. D'ailleurs, souvent, cela change avec les saisons, l'âge, les circonstances. *Nada* laissera peut-être chez moi la place un de ces jours, je ne sais pas, à *La Femme infi-dèle* où Maurice Ronet joue le rôle d'un écrivain à l'époque où c'était encore un métier presque sérieux et vit dans une garçonnière de rêve. On explique sou-vent que si Chabrol aimait Simenon et Balzac, c'est parce que ces deux romanciers conjuguent peinture plus ou moins critique de la société et exploration de l'âme humaine. Sans doute.

Mais c'est aussi parce que Chabrol, comme Simenon ou Balzac, avait parfaitement conscience qu'il n'était pas homme à produire un chef-d'œuvre, cette rareté encombrante, mais qu'il pouvait au moins, à défaut, réussir à faire une œuvre, ce qui souvent vaut mieux pour la postérité. Les chefs-d'œuvre, comme les monuments, ont en effet ceci d'un peu triste qu'on passe tout le temps devant mais qu'on n'y entre plus.

Tandis qu'une œuvre se joue sur la longueur et c'est quand on se retourne et que l'on regarde l'ensemble qu'on s'aperçoit de la dimension réelle de l'édifice. Si aucun film de Chabrol n'est génial en soi – quelques-uns sont de vrais navets –, le panorama général d'un demi-siècle d'histoire de la société française qu'il a peint en direct est unique en son genre.

Donc, si vous aimez Chabrol, demandez-vous tout de suite, sans réfléchir, celui que vous voudriez revoir. *France 2* a choisi très vite, dès dimanche soir. La chaine de service public a diffusé *L'Ivresse du pouvoir* qui date de 2006. On serait Eva Joly, on ne serait pas particulièrement heureuse. *L'Ivresse du pouvoir*, c'est l'affaire Elf à peine transposée. Alors que Loïk Le Floch-Prigent (joué à l'époque par François Berléand) vient de retourner en prison et que la luthérienne verte se voit un destin national, Isabelle Huppert qui l'incarnait dans le film, montre à quel point la future candidate libérale libertaire à la présidentielle a su utiliser la détention provisoire comme moyen de pression, avec une rigueur distante qui ferait passer Torquemada pour un humaniste chaleureux.

Elle avait été très fâchée d'ailleurs, Eva Joly, par le film, lors de sa sortie. Elle pensait que tous les cinéastes français qui traitaient de sujets de société, comme on dit, le faisaient avec les gros sabots manichéens, certes efficaces mais gros sabots tout de même, d'un Yves Boisset. Pas de chance dans ce film, comme dans *Nada* ou dans *Violette Nozière*, Chabrol aurait trouvé du dernier mauvais goût d'opposer des bons à des méchants, s'étant toujours méfié de ce genre de catégories.

C'est pour cela qu'il s'est tant intéressé au polar. Quand ce genre est traité de manière adulte, il est le terrain de toutes les ambiguïtés. C'est pour cela aussi que Chabrol a si souvent choisi pour scénariste Paul Gégauff, jusqu'à la mort de ce dernier en 1983. Le tandem Chabrol-Gégauff est redoutable parce qu'il joue sur l'horreur et l'ironie avec une insoutenable légèreté, matinée d'une certaine audace, comme dans le thriller lesbien violemment sexy *Les Biches,* avec Stéphane Audran et la très belle Jacqueline Sassard qui devait disparaître des écrans après ce film.

Chabrol avait signé des reconnaissances de dette esthétique, entre autres, à Fritz Lang et à Hitchcock. Il est pourtant le plus français de nos cinéastes ou, pour dire les choses autrement, celui dont la manière d'être français (causticité, précision, esprit de contradiction) est la plus aimable. Ce qui fait que sa mort nous laisse un peu plus seul. Les mâchoires du piège à cons se sont encore resserrées.

Marcel Lapierre † 11 octobre 2010

MÉMOIRE DU GOÛT, GOÛT DE LA MÉMOIRE.

Dans le milieu du vin naturel, sur le zinc des comptoirs et au cœur des vignobles, une triste nouvelle a causé un émoi considérable ce lundi 11 octobre. Marcel Lapierre, vigneron d'exception établi à Villié-Morgon, où il avait pris la direction du domaine familial en 1973, est mort à l'âge de soixante ans. On en a parlé partout dans le monde, à New York, Cologne, Berlin, Bruxelles, Tokyo, São Paulo.

Comme nul n'est prophète en son pays, surtout dans la France de la techno-agriculture productiviste, la démarche révolutionnaire de Marcel Lapierre, qui avait laissé de côté les produits phytosanitaires et repris le labour de ses vignes à la fin des années 1970, a été bien souvent mieux comprise au Japon, en Allemagne, aux États-Unis et en Italie, où les amateurs de vins placent très haut les élégantes bouteilles capsulées à la cire rouge de son morgon « nature », un vin ni chaptalisé, ni filtré, ni sulfité. Elle ne se donne même plus la peine, cette Internationale des buveurs de choses vraies, de faire la comparaison avec les vins boisés et bodybuildés défendus par Robert Parker et ses petits clowns snobinards buveurs d'étiquettes du *Wine Spectator,* consommateurs de vins cimentés qui vous tapissent le palais d'un jus épais et sucré.

Encore une fois, on n'est pas étonné d'observer que les Français des temps qui sont les nôtres, en cette matière comme dans d'autres, ne savent plus au juste ce qu'est la France. La France, ce n'est pas les vignerons hommes d'affaires vedettes des foires aux vins falsifiés. La France, ce n'est pas les vins modelés par des fermenteurs à rotors, de l'osmose inverse, de la micro-oxygénation, des ajouts de tanins, des enzymes ou des levures synthétiques.

La France de Marcel Lapierre, du vin de Marcel Lapierre, c'est l'esprit rebelle, la fraternité bruyante, la subtile gourmandise, le goût délicat et l'anarchisme foncier qu'il aura incarnés mieux que personne durant trois décennies, en gros entre 1980 et 2010, dont on se souviendra longtemps.

Il ne venait pas de n'importe où, en même temps, Marcel Lapierre. Dans *Avec Marcel Lapierre*, le beau livre définitif que Sébastien Lapaque, subtil docteur en flacons non-trafiqués par les convenances du marché, lui a consacré, et dont la réédition toute récente se révèle tristement opportune, il est rappelé que Marcel Lapierre aurait pu être qualifié de « vigneron situationniste ». Sa rencontre dans les années 1970 avec Guy Debord, lui-même amateur de vins naturels à la fois par goût et par attachement au monde d'avant, aura été l'occasion de quelques longues dérives psychogéographiques dans Paris.

On aurait aimé assister à ces conversations. C'était, comme nous le rappelle Lapaque, à l'époque où Debord, dans *La Planète malade*, écrivait ce qui résumait parfaitement le sens du travail de Marcel Lapierre : « Le capitalisme a enfin apporté la preuve, par son propre mouvement, qu'il ne peut plus développer les forces productives et ceci non pas quantitativement, comme beaucoup avaient cru le comprendre, mais qualitativement. » Ou pour dire les choses autrement, il était hors de question, pour Marcel Lapierre, de faire « pisser la vigne ».

Oui, décidément, il y a quelque chose de très français dans la guérilla qu'il aura menée contre l'effacement de la mémoire du goût. Car le goût a une mémoire et la mémoire a un goût.

Comment oublier le choc de la première rencontre ? On était heureux, comme avec une femme. Comment oublier l'émotion causée par la première gorgée de son vin à la robe de belle intensité, au nez frais et pur, aux arômes soutenus de framboise et de violette, aux tanins soyeux, à la bouche longue et souple ? Même pour les tard-venus, abusés par les bordeaux aux noms ronflants avant de prêter attention aux vins vivants et naturels, il y a un avant et un après Marcel Lapierre. En buvant son morgon, on se souvenait que le vin était fait avec du raisin et l'on ne voulait plus l'entendre autrement. « Il faut faire attention à ce qu'on met dans les cuves, parce que le vin, c'est quand même une boisson » répétait Jules Chauvet, négociant établi à la Chapelle-de-Guinchay, chimiste distingué et dégustateur d'exception qui a permis à Marcel Lapierre de trouver le secret d'un vin tout raisin au moment où le monde subissait le deuxième choc pétrolier.

De même qu'un célèbre général, amateur de champagne Drappier, qui se faisait servir le beaujolais de Jules Chauvet à son ordinaire à l'Élysée, se faisait une certaine idée de la France, Marcel Lapierre se faisait une certaine idée du vin. Cette idée ne s'est pas perdue avec sa mort. Car Marcel Lapierre a toujours eu la volonté de la transmettre. À ses copains du Beaujolais pour commencer : Guy Breton, Jean Foillard, Jean-Paul Thévenet. À son fils Mathieu et à ses neveux ensuite : Philippe et Christophe Pacalet. Mais aussi à des vignerons rebelles de la Loire, tels que les frères Puzelat, Hervé Villemade, Catherine et Pierre Breton, Christian Chaussard, René Mosse ; dans le Roussillon, où l'excellent Jean-François Nicq s'illustre à la tête du domaine des Foulards rouges, beau comme un roman de Frédéric Fajardie ; dans la vallée du Rhône où Éric Pfifferling a porté très haut l'art de la macération carbonique par grappes entières. En quelques années, cette « génération Lapierre » a dessiné en France une nouvelle géographie de la résistance viticole et sentimentale.

Marcel Lapierre est mort mais il aura peut-être réussi à faire mentir son ami Guy Debord qui écrivait dans *Panégyrique* : « Au banquet de la vie, au moins là bons convives, nous étions assis sans avoir pensé un seul instant que tout ce que nous buvions avec une telle prodigalité ne serait pas ultérieurement remplacé pour ceux qui viendraient après nous. De mémoire d'ivrogne, on n'avait jamais imaginé que l'on pourrait voir des boissons disparaître du monde avant le buveur. »

Trinch, buvez toujours et ne mourrez jamais !

Charles de Gaulle † 9 novembre 2010
(trente ans de sa mort)

JE ME SOUVIENS.

Je me souviens d'un petit garçon au cours préparatoire. Il rentre chez lui tout seul. L'école n'est pas loin de son domicile et, dans ces années du monde d'avant, les enfants peuvent encore se promener seuls. C'est en novembre 1970. Deux hommes discutent gravement près d'une voiture, une Simca Aronde ? Des pneus bicolores, en tout cas…, garée sur le parking en face de chez lui.

— Alors, comme ça, Il est mort ?

Le petit garçon ne comprend pas de qui il s'agit au juste mais il a l'impression bizarre d'entendre une majuscule mise au pronom personnel. Il me semble bien que le petit garçon, c'est moi.

Je me souviens de la phrase mystérieuse de Malraux, parlant des gaullistes : « Entre les communistes et nous, il n'y a rien ! » Que voulait-il dire ? Il y a trois possibilités :

1. Entre les communistes et nous, il n'y a rien de commun. Difficile à admettre, quand on pense à la Résistance et au CNR.

2. Entre les communistes et nous, il n'y a aucune force politique digne de ce nom. C'est possible : la

droite française qui n'était pas gaulliste, elle n'était pas franchement très nette. Se souvenir du temps, très long, mis par Giscard, Barre et Poniatowski, à réagir à l'attentat de la rue Copernic, par exemple. Et puis les socialistes, on sait ce que c'est. Vouloir vaseliner le capitalisme, ça n'a jamais donné un destin à un pays.

3. Entre les communistes et nous, il n'y a rien qui nous oppose sur le fond. Quand je vois ce qu'est devenu le paysage politique aujourd'hui, je me dis que c'est sans doute cela que Malraux, l'ancien combattant des Brigades internationales, voulait dire. Il prévoyait sans doute l'époque où gaullistes et communistes seraient les derniers dinosaures républicains dans cette atmosphère ethnolibérale qui est, en France et en Europe, de plus en plus irrespirable aujourd'hui.

Je me souviens, en ayant lu *De quoi Sarkozy est-il le nom ?* de Badiou et ses analyses sur le « transcendantal pétainiste » qui couraient à travers l'histoire de France de Thiers à nos jours, de m'être dit que c'était trop facile. Qu'il y avait aussi un transcendantal gaulliste qui consistait à être capable d'ouvrir le feu, même en position défavorable, au nom d'une idée supérieure qu'on se fait de la Nation et de ce qu'elle suppose comme modèle de civilisation.

Exemples de transcendantal gaulliste, hors son incarnation archétypale du 18 juin 1940 : Vercingétorix à Gergovie, Jeanne d'Arc sous les murs d'Orléans, les soldats de l'an II encadrés par une poignée d'officiers aristocrates à l'assaut du moulin de Valmy, le colonel Rossel restant fidèle jusqu'à la mort au gouvernement de la Commune, le discours de Villepin à l'ONU en 2003, le référendum de 2005 sur la Constitution européenne, le mouvement social de 2010. Le transcendantal gaulliste, ou le refus de la fatalité et du diktat des experts autoproclamés. Ils leur auraient donné assez peu de chances de réussir, à la bergère lorraine ou au général rebelle condamné à mort, tous nos spécialistes, analystes et commentateurs si brillamment médiatiques.

Je me souviens de mon père qui me disait : « Le de Gaulle de 1940 tant que tu veux, celui de 1958 jamais. » Il avait voté non au référendum de 1958. C'était même la première fois qu'il votait. Cette vieille dent des communistes contre la Cinquième République et l'élection du président au suffrage universel. Je n'ai jamais osé dire que le suffrage universel, c'était peut-être nous qui en profiterions un de ces jours. Ça s'était vu au Chili en 1971. Bon, ça s'était mal terminé deux ans plus tard, mais qui a dit que l'Histoire n'était pas tragique ? Pas de Gaulle en tout cas.

Je me souviens d'avoir trouvé que l'exécution de Bastien-Thiry, ça manquait de fair-play. On aurait bien aimé que le Général ait pour le lieutenant-colonel la clémence d'Auguste pour Cinna.

Je me souviens que le SAC, avant de devenir une banale milice électorale au service de la droite des années 1970 et de faire les beaux jours des films d'Yves Boisset, avait d'abord été une police parallèle de barbouzes républicaines, tous anciens résistants, pour protéger le Général des soldats perdus de l'OAS. Une époque de géants, tout de même, où il y avait, comme l'écrit La Rochefoucauld, « des héros en bien comme en mal ».

Je me souviens de La Boisserie, du champagne Drappier, des DS noires alors que j'espère oublier assez vite le cap Nègre, les Rolex et Carla Bruni.

Je me souviens que de Gaulle à l'Élysée payait ses timbres de sa poche quand il envoyait ses vœux à ses proches. Ça fait sourire, non ? À moins que ça ne fasse pleurer.

Je me souviens qu'en 1967, la France avait quitté l'Otan depuis un an, s'apprêtait à rejoindre les non-alignés et que le général Ailleret était l'inspirateur de la doctrine « tous azimuts » qui consistait à pointer les missiles de notre dissuasion nucléaire vers l'Est ET vers l'Ouest. Je me souviens que le général Ailleret est mort dans un mystérieux accident d'avion à Tahiti en mars 1968. Et que quelques semaines plus tard sont arrivés en mai des événements qui ont arrangé tout le monde : les Américains, la droite affairiste pompidolienne qui ne voulait pas de la participation, les gauchistes qui voulaient la peau du PCF, les socialistes qui espéraient ramasser la mise.

Je me souviens d'avoir acheté un CD avec les principaux discours de De Gaulle. Mon préféré : le discours de Phnom Penh en 1966. Penser à donner le texte sans signature à quelques personnes pour faire une « dégustation à l'aveugle ». Et demander si c'est de Chávez, de Guevara ou de De Gaulle. Bien rigoler en entendant les réponses. Je me souviens que mon ami l'écrivain Frédéric Fajardie, ex du service d'ordre des Comités

Vietnam de Base, me racontait comment ils avaient eu, eux les maos, l'étrange impression d'être doublés sur leur gauche par le vieux général.

Je me souviens du meeting lillois de la campagne de Chevènement en 2002, quand en première partie se sont succédé le député communiste du Pas-de-Calais qui était arrivé en bleu de travail à l'Assemblée nationale quand il avait été élu député en 1997, et Pierre Lefranc, l'aide de camp du général de Gaulle. Le vieux cyrard et le prolo, ensemble contre l'Europe libérale.

Je me souviens que j'ai toujours un petit coup au cœur quand je parcours la rubrique nécrologique des journaux et que je vois qu'un Compagnon de la Libération a encore tiré sa révérence.

Je me souviens d'avoir été tout de même un petit peu énervé quand j'ai vu et entendu les cris de cabris et les sauts d'orfraie, à moins que ce ne soit le contraire, de certains professeurs de lettres quand ils ont appris que *Les Mémoires de guerre* étaient au programme des épreuves du bac de français. Ne pas voir qu'un incipit comme «Toute ma vie, je me suis fait une certaine idée de la France » n'a rien à envier à « Longtemps je me suis couché de bonne heure » ou « Aujourd'hui, maman est morte », c'est à ces choses-là qu'on mesure les dégâts de décennies de pavlovisme pédagogiste. Quant à Claude Roy, pourtant communiste, il voyait en de Gaulle un de nos grands écrivains français de langue latine.

Je me souviens que les gens qui n'aiment pas de Gaulle (sauf ceux qui ont de bonnes raisons comme les Pieds-noirs et les harkis) ont deux arguments : d'abord, il a fait croire que toute la France était résistante. Quand bien même ce serait une fiction (mais il faudra l'expliquer aux derniers Français libres vivants), c'est une fiction qui a changé le réel et nous a évité de passer sous administration américaine. C'est donc une fiction qui a réussi. Ce qui est une bonne définition de la politique. Et aussi, qu'il aurait entretenu la France dans l'idée qu'elle était encore un grand pays, alors que ce n'était plus qu'une puissance moyenne.

Qu'ils se rassurent, ceux-là, qui aiment l'automutilation décliniste tant qu'elle ne gêne pas leur hédonisme libéral libertaire, ils finissent par avoir raison ces temps-ci. Plus le gaullisme disparaît comme force politique opérante, plus la France ressemble à une petite Autriche hargneuse et névrosée, à un pays de vieux et à une remorque atlantiste des USA, qui va bricoler ses nouvelles bombes avec le Royaume-Uni, ce porte-avion de Washington.

Je me souviens que Dominique de Roux disait dans *L'Écriture de Charles de Gaulle*, en 1967 : « La mission actuelle de la France, l'accomplissement final du destin gaulliste, c'est de faire que la Troisième Guerre mondiale se porte, non pas sur le plan de la dévastation, mais sur le plan du salut, non pas sur le plan d'un embrasement universel, mais sur celui de la pacification. »

Je me souviens que si je n'avais pas été communiste, j'aurais été gaulliste.

Mamadou Maréga † 29 novembre 2010

LA MORT NON-LÉTALE.

Le Taser, c'est un pistolet électrique. Avec le Flash-Ball, c'est un peu l'idole des armes non-létales utilisées par la police depuis une dizaine d'années, c'est-à-dire depuis que Nicolas Sarkozy est ministre de l'Intérieur. Quand on en finit avec la police de proximité, mais qu'on veut éviter le carnage, il vaut mieux trouver des solutions de substitution. Alors va pour ces fameuses armes non-létales. Comme ça, s'il y a des bavures, et il y en a toujours un peu, c'est comme le coulage dans les supermarchés, au moins elles seront non-mortelles. Un genre de principe de précaution appliqué à la répression, si vous voulez.

Le concept d'armes non-létales est un joli conte de fées. Un peu comme celui d'opération chirurgicale bénigne. N'importe quel médecin, sauf éventuellement un chirurgien esthétique dans une série américaine genre *Nip/Tuck*, vous expliquera qu'il n'y a pas d'opération bénigne, que tout geste chirurgical, même anodin, même mille fois répété, comporte un risque. C'est pour cela que présenter le Taser comme une arme non-létale, c'est un peu n'importe quoi. Dans

« arme non-létale », ce qui compte tout de même, c'est le mot « arme » et utiliser une « arme », par définition, c'est prendre le risque de tuer. Voire chercher à le faire. Il faudrait donc, pour être honnête, parler du Taser comme « d'une arme qui présente un peu moins de risques de tuer, quand vous l'utilisez, que le 9 mm en dotation ».

Et puis, ce que je me demande aussi, tiens, c'est pourquoi le gardien de la paix qui patrouille dans le jardin d'enfants près de chez moi porte son 9 mm dans l'étui, mais n'a pas de Taser. Parce qu'il n'a aucune raison de s'en servir contre de jeunes mamans qui font goûter les bambins, me répondrez-vous. Nous sommes d'accord. Ce qui signifie, a contrario, que si le policier emporte avec lui un Taser ou un Flash-Ball, c'est donc pour s'en servir. Et que l'on a, logiquement, davantage de risques de tuer ou de blesser gravement quelqu'un avec une arme non-létale dont on est sûr de se servir qu'avec une arme létale dont on est sûr de ne pas se servir. Eh oui. Paradoxe pour le moins dangereux quand ce sont tout de même des vies qui sont en jeu.

Bon, rappelons les circonstances de l'affaire qui nous préoccupe : Mamadou Maréga est un Malien sans-papiers (pléonasme en ce moment), vivant à Colombes, qui s'est rebellé et qui a reçu deux décharges de Taser quand la police est venue le chercher. Il n'était pas dans un jardin d'enfants avec de jeunes mamans mais au douzième étage, dans un appartement où il s'engueulait avec un ami. Quand on est clandestin, on devrait au moins avoir la politesse de ne pas déranger les voisins. La première décharge de Taser, apparemment, ne lui a rien fait. La seconde l'a calmé et tout le monde est reparti par l'ascenseur.

Dans l'ascenseur, avec les policiers, Mamadou Maréga a fait un malaise et il est mort. Il avait peut-être trop de cholestérol. Ça bouffe à pas d'heure et un peu n'importe quoi, les clandestins, c'est bien connu. Même pas foutu de suivre un régime Dukan correctement. En même temps, Mamadou avait peut-être lu des études récentes indiquant que les régimes, c'est presque aussi dangereux pour la santé que le Taser.

Ou alors il était très contrarié de s'être disputé avec son ami. Ou il était crevé par sa journée sur un chantier du BTP qui ne voit jamais passer un inspecteur du travail. Ou ce sont les gaz lacrymogènes utilisés dans un premier temps. Ou c'est quand même de la faute du Taser. Ou de la faute à un peu tout ça mélangé. L'autopsie, à l'heure où nous écrivons, a une discrétion de violette et une prudence iroquoise. Nous citons le parquet de Nanterre : « une asphyxie aiguë et massive », « il n'y a pas de cause certaine, unique et absolue du décès », « inhalation de gaz puisque du sang a été retrouvé dans ses poumons », « un cœur dur et contracté, peut-être en lien avec l'utilisation du Taser, mais ces résultats doivent être complétés par une expertise toxicologique et un examen des organes ». Allez savoir.

Monsieur Antoine di Zazzo, PDG de Taser France, lui, est gêné. On le comprend, une arme non-létale qui est plus ou moins soupçonnée de tuer, c'est toujours ennuyeux. Une parenthèse, Taser France, ça veut dire en fait que la maison mère est américaine. Si ces joujoux mortifères semblent tellement indispensables au maintien de l'ordre des années 2010, on pourrait peut-être les fabriquer nous-mêmes ? Cela ne doit pas être bien sorcier. Utiliser un Taser, si j'ai bien compris, c'est un peu comme se servir à distance d'un défibrillateur cardiaque sur quelqu'un qui n'a pas de crise cardiaque. C'est quand même problématique, quand on y pense, vu sous cet angle-là.

Monsieur di Zazzo a donc tenté de s'expliquer très vite : « Seule l'autopsie de cet homme permettra de dire si notre pistolet est responsable du décès » et il ajoute : « À ce jour, dans le monde, le Taser n'a jamais tué quelqu'un. » C'est vrai, l'autopsie laisse pour l'instant le bénéfice du doute au Taser. Monsieur di Zazzo va être provisoirement soulagé. Brice Hortefeux aussi. Admettons, même si d'après Amnesty International, aux États-Unis, il y a quand même de très forts soupçons qui confinent aux quasi-certitudes en ce qui concerne les décès de plusieurs personnes, essentiellement des adolescents ou des sujets fragiles.

Que ce soit ou non la faute du Taser, il va quand même falloir réfléchir un peu à cette notion d'arme non-létale et à ses conditions d'utilisation. On a vu à plusieurs reprises ce que faisait le Flash-Ball quand il était employé dans des opérations de maintien de l'ordre où il n'a pas sa place. Un jeune homme énucléé du côté de Montreuil sera prêt à vous en parler dès qu'il aura remis son œil de verre et retrouvé figure humaine.

L'arme non-létale, ça participe finalement de cette euphémisation générale qui caractérise notre novlangue. L'euphémisation aime bien les anglicismes comme «Taser» ou « management » qui permettent de contourner la réalité de la chose : « pistolet à impulsions électriques » ou « gestion optimale de l'humain dans le but de le presser comme un citron ».

L'arme non-létale, c'est aussi, au bout du compte, le reflet de notre mauvaise conscience, de notre conscience malheureuse. Nous avons un reste de scrupule démocratique quand il s'agit de réprimer car la répression, qui prouve qu'on n'a pas su prévenir, est toujours une défaite personnelle de chaque citoyen. Et ce qu'on voudrait, avec l'arme non-létale, c'est le beurre de la paix civile à n'importe quel prix (même celui de la guerre a-t-on entendu l'été dernier), et l'argent du beurre de la bonne conscience humaniste et républicaine.

Cela va devenir de plus en plus compliqué. En attendant Mamadou Maréga est mort. D'une mort non-létale, évidemment.

François Nourissier † 15 février 2011

UN HOMME QUI NE S'AIMAIT PAS.

La disparition de François Nourissier a été saluée d'éloges unanimes. Peut-être un rien exagérés, mais il faut savoir que Nourissier a régné sans partage sur la bien mal nommée « République des lettres » (c'est plutôt une monarchie absolue tempérée par l'assassinat, aurait dit Stendhal), dont il s'est révélé un apparatchik incroyablement manœuvrier, contrôlant de près ou de loin, le plus souvent de près, les prix littéraires en étant resté bien longtemps l'inamovible président de l'Académie Goncourt et en ayant prodigué pendant des décennies des conseils plus ou moins bien avisés littérairement mais toujours bien vus tactiquement, c'est-à-dire commercialement, à la maison Grasset.

Quelques tribunes et quelques feuilletons littéraires dans les magazines lus par la classe moyenne cultivée, celle constituée des médecins de province abonnés au *Grand Livre du Mois* (c'est comme cela que j'ai lu *Allemande,* mon premier Nourissier) ont fait le reste : Nourissier était inattaquable, flatté parfois jusqu'à la bassesse par certains qui confondent le milieu littéraire avec le milieu tout court et François Nourissier avec

Vito Corleone. Pour ceux qui pourraient croire à une certaine malveillance de la part de votre serviteur, on pourra toujours se reporter aux deux volumes du *Journal* de Matthieu Galey, irremplaçable document sur le monde des lettres entre les années 1950 et le milieu des années 1980. C'est un texte admirable, certes un peu caviardé parce qu'il égratignait par trop certaines excellences dont, justement, François Nourissier.

C'est donc un peu de sa faute, à Nourissier, si tant de jeunes gens se sont détournés de ses livres à cause de son image et ont préféré, chez les contemporains qui avaient du style (car Nourissier a du style malgré tout), aller lire Michel Déon, Michel Morht, Félicien Marceau ou même Jean Dutourd récemment disparu.

C'est dommage, car l'œuvre de Nourissier est importante et restera. C'est l'œuvre d'un bourgeois qui s'assume en tant que tel, qui aime les belles voitures (lire son excellent *Autos Graphie*) et les propriétés de famille, mais sans ostentation. Il pratique une littérature de classe et il le sait. C'est quand on sait que l'on pratique une littérature de classe qu'on fait de la bonne littérature : c'est-à-dire savoir sur qui on écrit et pour qui on écrit.

Et la bourgeoisie, en économie, on peut ne pas aimer, mais en littérature quand cela donne des romans comme *Une histoire française*, *Un petit-bourgeois* ou *Le Musée de l'homme*, on se dit que c'est plutôt une bonne chose.

Comme tout grand bourgeois né petit bourgeois, François Nourissier avait la peur du déclassement.

Il était finalement un cousin éloigné, mais qui aurait réussi un beau mariage, du héros d'Orwell dans *Et vive l'aspidistra !* Il avait aussi la culpabilité, très française, qui va avec une certaine aisance où le tweed, l'équitation, les jupes blanches des filles qui jouent au tennis, les villégiatures en Suisse ou en Provence et les chaussures anglaises, ont leur part non-négligeable. Cette culpabilité, alliée à une certaine fascination hypocondriaque pour son propre vieillissement (François Nourissier dans ses livres est toujours un peu étrangement pressé d'atteindre le grand âge), crée un vrai tempérament littéraire, assez unique dans le paysage romanesque français.

Le héros type de Nourissier, la plupart du temps, c'est Nourissier. On pourrait dire qu'il a inventé l'autofiction sans l'histrionisme qui va avec désormais. On peut être sans concessions avec soi-même, faire la liste de ses maladies dès les années 1950 et traiter avec un certain courage celle de Parkinson qui devait l'emporter, le tout en sachant se tenir. Ce n'est pas Christine Angot, tout de même, Nourissier. Question de style encore une fois, de travail sur la phrase française. Il était de cette génération où l'on savait encore que la langue était un bien commun et que trouver sa petite musique, pour un écrivain, ne passait pas forcément par la déstructuration de la syntaxe, le style oral, le vocabulaire ordurier, à moins de s'appeler Céline et Nourissier savait qu'il ne jouait pas dans la même catégorie, contrairement aux arrogants ectoplasmiques qui arrivent ces temps-ci sur le marché.

Non, pour reprendre le titre d'un de ses jolis romans sur ce qu'on n'appelait pas encore la *middle age crisis*, François Nourissier voyait l'univers comme un homme qui vient d'attraper *La Crève*. État paradoxal cotonneux où pourtant tout apparaît très clair parce qu'un état physique inédit vous a forcé à changer de perspective. C'est *the same old story* depuis la fausse position prise par le jeune Proust dans son sommeil et qui lui donne l'illusion qu'une femme est à côté de lui.

Nourissier, lui, n'a pas trop aimé sa jeunesse et encore moins son adolescence. On sait que des pantalons trop courts portés à seize ans ou la maladresse d'une mère qui vous fait honte devant l'amoureuse convoitée, c'est tout cela qui donne de grandes œuvres, en fait. Complexe physique, complexe de classe, humiliation encore amplifiée par le fait de vivre ses quinze ans dans une France occupée, cela donne des pages réellement admirables de haine de soi tranquille, sans excès, mais tenace.

Après, on se marie trop jeune et on écrit un premier roman chardonnien sur le couple, *L'Eau grise* qui indiquera d'emblée la couleur très française, mais aussi un peu mélancolique, qui sera celle de toute votre œuvre.

Michel Gourdon † 15 mars 2011

L'ÉROTISME DU MONDE D'AVANT.

C'est bien tardivement que nous apprenons la mort de Michel Gourdon, survenue le 15 mars 2011 à plus de quatre-vingt-cinq ans, dans une indifférence presque générale. Et pourtant, Michel Gourdon n'est pas pour rien dans la construction de l'imaginaire érotique de nombreux jeunes garçons (et jeunes filles, qui sait ?) qui ont aujourd'hui dépassé la quarantaine. Il était en effet l'illustrateur des couvertures des éditions Fleuve Noir de la grande époque, entre les années 1950 et 1980. On a du mal aujourd'hui à se souvenir de ce qu'était vraiment la littérature de gare jusque dans les années 1970, quand le militaire en permission, l'ouvrier rentrant du turbin ou le notaire encanaillé ne restaient pas devant une téloche limitée par ailleurs à une ou deux chaines et arrêtant ses programmes à minuit.

Face à la « Série noire » et à sa couverture jansé-niste tout aussi noire au liseré blanc, Fleuve Noir avait choisi d'attirer l'œil du chaland avec les couvertures de Gourdon qui œuvrait dans la plupart des collections proposées par la maison : « Spécial Police » avec des couvertures aux couleurs criardes et « Espionnage » en noir et blanc, comme on pouvait s'imaginer la Guerre froide. Sans compter, plus éphémères, les collections « Angoisse » qui donnaient dans le fantastique ou encore « L'Aventurier » et « Feu ».

On appelait les auteurs qui écrivaient pour ces collections « les forçats de l'underwood[1] » car ils donnaient parfois au Fleuve jusqu'à quinze ou vingt romans par ans, dans tous les genres. Que dire alors de Michel Gourdon qui illustrait toutes ces couvertures à l'exception de celles de la collection « Anticipation », quand on sait qu'il en a, durant ses trente ans au Fleuve Noir, donné plus de vingt par mois ?

Et pourtant, elles ont marqué ses couvertures ! Sur une table de nuit paternelle ou une serviette de plage durant les étés en Bretagne, on entrevoyait soudain les cuisses interminables et les seins nus d'une blonde au visage angélique en train de se faire sadiser de manière plus ou moins brutale par un espion viril qui sentait bon l'eau de toilette et la défense des valeurs occidentales contre la subversion communiste. Ou encore, si par chance c'était un volume de la collection « Angoisse », la brune Méphista qui était une assez bonne initiation à la figure de la dominatrice en cuir noir.

Et l'incomparable bonheur des lectures en cachette pouvait commencer, en recherchant avec impatience

---

1. *Le Forçat de l'underwood* de Gilles Morris-Dumoulin, récit passionnant de la vie d'un de ces « écrivains en bâtiment ».

le passage qui allait correspondre à la scène de couverture, ce qui n'arrivait pas souvent, car on ne voit pas comment Gourdon aurait eu matériellement le temps de lire tous les livres qu'il illustrait !

Une des premières couvertures réalisée pour le Fleuve Noir par Michel Gourdon fut pour un roman devenu introuvable de Michel Audiard, *Méfiez-vous des blondes* et la dernière pour un San-Antonio de 1978, *Ma langue au chah*. C'est d'ailleurs, tous les lecteurs de San-Antonio s'accordent à le penser, Gourdon qui a définitivement fixé les traits du plus célèbre commissaire français dans leur imaginaire et non les hideuses photos qui lui succédèrent.

Gourdon était le frère d'un autre illustrateur, au style assez voisin, Aslan, qui pour sa part dessina les inoubliables pin-up de *Lui* entre le début des années 1960 et l'arrivée de Mitterrand au pouvoir. C'était un temps béni où les magazines de charme existaient encore, n'avilissaient pas les femmes mais, nous semble-t-il, les célébraient de manière assez lumineuse[1] et où l'épilation intégrale n'était pas devenue la nouvelle et pénible doxa érotique. On va encore se faire traiter de réac...

---

1. Nous sommes prêts à une gratitude éternelle pour tout lecteur nous retrouvant ce numéro de *Lui*, datant du bouillant été 1976, avec Marie-Hélène Breillat posant nue et en dentelle au moment où elle jouait la Claudine de Colette pour la télévision. Écrire à l'Éditeur qui fera suivre.

Maître Capello † 20 mars 2011

MAURE D'UN HAMOUREU
DE LA LANG FRENSSAISE.

Jé apprit une nouvaile bien tryste alaure que cé praisque le printant. Mètre Kapello ait more. Il été sévaire mé juste et il fesé hattenssion à l'ortkograf dé franssés.

Quen j'aité petit, défoua, ont me léssé regardé *lé jeut de 20h*. C'été sur la troit. La trouaziaime chènne, je veut dyre kon napelé pas ankor *Fransse 3*.

Cé pa aitonnan que ce jeux est disparut dant les anné 1980 car c'été de la kulture général, sa se passé ché lé plouque de provaince, ont gagné pas bôcou d'arjant donque dukou mintnant cé plus trau à la maude.

Mètre Kapello ossi il avé un kôté oldschool come dise les Anglaits mé cé normale kar il été hagraigé d'anglait a ces daibut dans l'aidukassyion nasiaunnal. Parfoua, il fesé des maux flaiché pour *Tailé 7 jour* ôssi. Y les ramplyssé pas, nan, y les zinvanté carraiman car sété une vrai taite maittre Kapailo.

Il avé katre vin uite an é il n'été pas partysant de la maithode glaubal. Il avez surman rayson.

Oussama Ben Laden † 2 mai 2011

LE SYNDROME GOLDSTEIN.

Dans *1984* de George Orwell, qui reste décidément le livre essentiel pour comprendre notre modernité, l'archétype du traître, le génie du mal, le grain de sable dans les rouages de l'Angsoc de Big Brother, s'appelle Goldstein. Il a été l'un des principaux compagnons de Big Brother dans la conduite de la révolution avant de se retourner contre lui et de lui livrer une guerre sans pitié, menant des opérations de déstabilisation depuis l'étranger, organisant des attentats au cœur de Londres et exhortant les citoyens d'Océania pourtant si heureux à la révolte.

Le lecteur se demande d'ailleurs si Goldstein, tout comme Big Brother, existe vraiment en tant que personne ou si c'est l'incarnation fictive de celui qu'il faut détester collectivement pour assurer la cohésion aléatoire d'une société elle-même minée par des contradictions intenables. Autrement dit Orwell montre, à travers ce personnage de Goldstein, opposant à la fois radical et complètement instrumentalisé par le pouvoir, la façon dont nos sociétés savent intégrer leur part de négatif pour continuer à avancer dans la bonne conscience la plus totale.

Dans *1984*, Goldstein est la vedette d'une cérémonie bien particulière, les Deux Minutes de la Haine. Chaque jour, chaque citoyen sur son lieu de travail est prié de se rendre dans une salle de projection où il va exprimer en groupe sa détestation absolue de la figure honnie en hurlant des slogans haineux et en crachant sur l'écran. Ces Deux Minutes de la Haine sont d'ailleurs un moyen pour la Police de la Pensée de détecter ceux qui ne communient pas suffisamment dans la détestation de ce qu'il faut détester.

Goldstein est aussi un opposant très utile parce que sa haine du système de Big Brother est telle, ses propos et ses actes tellement effroyables, qu'il rend impossible toute critique de Big Brother car le critiquer reviendrait à adhérer aux thèses monstrueuses de Goldstein. Et ces dernières années, nous avons connu de nombreux Goldstein.

En France, Goldstein s'est longtemps appelé Jean-Marie Le Pen. Jean-Marie Le Pen avait été inventé par Mitterrand puis entretenu par le discours sécuritaire de la droite pour empêcher de penser toute alternative crédible à l'ensemble RPR-UDF, puis à l'UMP ou au Parti socialiste. Ce dispositif a permis d'éliminer tous ceux qui pouvaient incarner le «Troisième Homme». On faisait monter en puissance Goldstein dans les sondages et c'est ainsi que Chevènement ou Bayrou perdaient tout espoir d'incarner une alternative crédible. Le Pen, Goldstein, même combat. Quand, au soir du 21 avril 2002, le scénario a failli déraper et que Goldstein s'est retrouvé au second tour, on a, comme dans le roman d'Orwell d'ailleurs, transformé les Deux Minutes de la Haine en Semaine de la Haine et ce fut la fameuse « quinzaine antifasciste » qui vit l'électeur de gauche se précipiter vers les urnes pour faire barrage à la Bête immonde.

Sur le plan international, les Goldstein furent légion, notamment lors de la guerre en Yougoslavie. On se souvient évidemment de Karadžić et de Mladić (ce dernier court toujours mais n'intéresse plus grand monde, dirait-on) chez les Serbes de Bosnie. Leurs exactions avérées rendaient absolument impossibles toute réflexion sur les vraies raisons de l'explosion de la Yougoslavie ou sur les horreurs commises par d'autres, comme les Croates quand ils chassèrent les Serbes de Krajina. De même, au moment de la guerre du Kosovo, l'intervention de l'Otan fut en partie motivée par l'épuration ethnique privée que menait le Goldstein du moment, Arkan, un superméchant que l'on aurait pu croire sorti d'un SAS avec sa femme chanteuse et les supporters de son club de foot transformés en Tigres noirs avec fusils d'assaut et gros 4x4.

Une des caractéristiques de Goldstein est qu'il connaît une mort violente ou suspecte. Arkan est mort assassiné devant un grand hôtel tandis que Milošević lui-même, président de la Yougoslavie avec lequel on négociait avant qu'il ne devienne un criminel de guerre, est mort en prison à La Haye, d'une crise d'hypertension. Dommage pour la fin d'un procès pourtant bien intéressant.

Que dire aussi d'un Goldstein particulièrement réussi, Saddam Hussein, qui après avoir été traité, pendant la guerre Iran/Irak des années 1980 comme la pointe avancée de la lutte de l'Occident contre l'obscurantisme chiite, a fini vingt ans plus tard pendu par les mêmes chiites dans une exécution complaisamment filmée ?

Mais c'est Ben Laden qui reste évidemment le Goldstein le plus réussi des dernières décennies. Depuis 1998, date à laquelle il fit exploser deux ambassades américaines en Afrique de l'Est, et encore plus depuis le 11 Septembre, il était devenu l'ennemi absolu. Il y avait de quoi, direz-vous et vous aurez raison. En même temps avec un ennemi tel que lui, il devenait absolument impossible de penser les rapports entre le Nord et le Sud, l'Occident et le monde arabo-musulman, Israël et la Palestine autrement qu'en termes de choc des civilisations, ce qui arrangeait bien les idéologues néoconservateurs du temps de Bush.

Le Printemps arabe a changé la donne, et c'est tant mieux. Ben Laden est mort et c'est tant mieux aussi. Même si on aurait préféré pour lui le sort d'Eichmann et un procès exemplaire qui aurait dissipé les fantasmes que ne manqueront pas d'entretenir les conditions rocambolesques de sa mort et de la cérémonie funèbre et maritime qui s'ensuivit. Même si on aurait préféré, également, ne pas voir les scènes de liesse dans les rues américaines qui ne sont jamais que le reflet des scènes de liesse qui eurent lieu dans certains pays arabes après le 11 Septembre. Je ne sache pas qu'on ait dansé dans les rues de Tel Aviv ou de Haïfa après la pendaison d'Eichmann. Tuer un ennemi est sans doute une victoire mais pas une fête.

En ce qui concerne Ben Laden, et c'est là aussi une des caractéristiques du Goldstein d'Orwell, on lui accorde d'autant plus d'importance qu'il a de moins en moins de puissance. On a peut-être tué un symbole mais certainement pas un chef de guerre enfermé dans un QG et donnant ses ordres à ses troupes à travers une chaine de commandement clairement définie. Penser que la mort de Ben Laden signe l'acte de décès d'Al-Qaïda, c'est un peu comme croire que tuer le clown Ronald McDonald entraînerait la fermeture de tous les fast-foods de la marque à travers le monde.

Celui que les Américains avaient équipé en missiles Stinger contre les Soviétiques, celui dont la famille entretenait de cordiales relations d'affaires avec la famille Bush, était devenu le génie du mal officiel. Il n'est plus là. Un seul Goldstein vous manque et tout est dépeuplé.

La succession est donc ouverte au bal des affreux. De l'Iran à la Corée du Nord, les prétendants ne manquent pas. Et comme nous avons terriblement besoin d'eux pour éviter de nous regarder en face, on ne devrait plus tarder à connaître le nom du successeur.

Amy Winehouse † 23 juillet 2011

LA PRINCESSE DU NÉGATIF.

Même les îles ne protègent pas des mauvaises nouvelles. On a beau se mettre à l'abri d'Internet et se trouver dans une vallée où les portables passent de manière aléatoire, deux SMS simultanés, puis trois, quatre, cinq, six nous ont annoncé l'événement : Amy Winehouse vient de mourir, au cœur de l'été, à vingt-sept ans, dans son appartement londonien. Ceux qui nous ont prévenu nous connaissent bien. La mort d'Amy Winehouse est un deuil personnel.

Depuis 2006, elle était notre paysage sonore favori et elle revenait en boucle quand nous écrivions ou buvions, ce qui revient souvent au même puisqu'il s'agit dans les deux cas de s'absenter momentanément des assignations constantes et des petites tyrannies sociales.

Amy Winehouse était une princesse juive et prolote de Southgate, fille d'un chauffeur de taxi qui aimait le jazz. Elle nous avait définitivement bouleversé dès que l'on avait entendu « Rehab », le morceau phare de son deuxième album, *Back to Black*. Il faudrait se souvenir des circonstances exactes de la première écoute parce que ce fut, au bout du compte, aussi important que la première fois avec une fille ou la première lecture de Proust. Le même genre de révolution copernicienne du cœur, la même blessure heureuse dont on espère qu'elle ne cicatrisera jamais.

Il est vrai que nous ne sommes pas une référence en matière de musique. On a toujours eu l'impression que tout s'était arrêté avec la mort d'Otis Redding en 1967. Depuis, on a énormément de mal à supporter le rap des pauvres et la techno des riches sans compter les chanteurs trentenaires revenant tous les cinq ans avec des filets de voix et des textes identiques pour pleurnicher sur des problèmes personnels qui ne se posent que dans les quartiers parisiens où Europe-Écologie-Les-Verts fait des pointes à 25 %.

Amy, elle, par sa gouaille glamour, brutale et évidente, profondément sexuelle dans une époque qui n'aime plus ça, renouait avec la tradition des girl groups des années 1960, avec le groove du son de la Tamla Motown. Elle le faisait jusque dans son look hyperbolique, sa choucroute démesurée, ses jupes à jupons et ses pantalons corsaires qu'aurait pu porter Brigitte Bardot dans *Le Mépris* ou *Et Dieu créa la femme*, deux titres qui iraient bien, d'ailleurs, pour une biographie de notre grande brûlée à la trajectoire météorique.

Mais la limiter à un simple revival sixties serait une belle erreur. Si vous voulez des clones de cette époque-là, allez voir du côté des autres filles qui ont tenté de prendre le relais quand Amy Winehouse s'est retrouvée dévastée par les substances : les Pipettes sont une caricature pure est simple, quant à Duffy, la jolie galloise blonde, il y a pour le coup quelque chose d'aseptisé et de muséal, même dans ses meilleurs morceaux, qui est bien loin du soleil noir gorgé d'antimatière vous absorbant comme un vaisseau spatial en perdition dès qu'Amy commence à chanter. Ce soleil noir qui s'appelle la soul.

C'est qu'Amy Winehouse n'était pas seulement une chanteuse, c'était une diva rimbaldienne qui va laisser derrière elle une œuvre aussi mince qu'essentielle après avoir pratiqué un dérèglement méthodique de tous les sens. On aurait dû se douter, dès « Rehab », de la suite des opérations, c'est-à-dire des concerts annulés (le dernier en date il y a quelques semaines à Belgrade), des amours tumultueuses, des addictions destructrices et des gardes à vue. Le tout sur fond de harcèlement méthodique des paparazzis qui l'ont photographiée comme on bombarde un pays rebelle au nouvel ordre mondial : en utilisant des tapis de bombes pour détruire des infrastructures déjà tellement fragiles. Oui, il suffisait d'écouter les paroles de « Rehab » pour comprendre : « *They tried to make me go to rehab but I said : no, no, no.* » (« Ils ont essayé de m'envoyer en désintox mais j'ai dit : non, non, non. »)

Amy Winehouse allait être la chanteuse de la défonce et du beau travail du négatif. On aurait pu penser, avec Hegel, que ce dernier point était plutôt du ressort des philosophes. Mais les philosophes ne nient plus rien aujourd'hui, ils sont au contraire là pour relayer un message d'acceptation généralisée. Ce n'est pas non, c'est oui, tout le temps. Oui au marché, oui à l'Europe, à l'euro, à la rigueur, aux diktats des agences de notation.

En France, de toute façon, plus personne ne dit non à personne depuis de Gaulle. Il faut se souvenir que la grande année du punk, et il y avait de l'icône punk chez Amy Winehouse, fut la même que celle de l'émergence médiatique des nouveaux philosophes. C'était en 1977. À « Apostrophes » les nouveaux philosophes condamnaient toute remise en question de la société au nom du risque totalitaire. Quand la philosophie démissionne à ce point-là, il ne faut pas s'étonner que ce soit Johnny Rotten ou The Clash qui fassent office de grands négateurs et proclament que c'est « No Future » et « London's burning ». C'est aussi cet héritage-là, cette croix trop lourde qu'a portée Amy Winehouse, esquintée en plus par cette fragilité inquiète propre aux enfants nés après deux chocs pétroliers. Cette même fragilité qui la faisait reprendre a capella et titubante, son verre de vodka orange à la main, à la fin d'un concert au Zénith en décembre 2007, « Will you still love me tomorrow », un vieux standard des Shirelles qu'elle revisitait avec une force qui vous mettait les larmes aux yeux, dans une salle pourtant trop grande pour une chanteuse de club comme elle.

Parce que, selon le mot de Georges Bataille, Amy, avec son nom prédestiné, (littéralement Winehouse, c'est le caviste), c'était « l'approbation de la vie jusque dans la mort ». Avec son corps amaigri par l'anorexie, ravagé par la cocaïne, l'héroïne, le crack, la kétamine et bien sûr l'alcool, elle racontait l'ambiguïté d'un parcours proprement dionysiaque, c'est-à-dire profondément double, qui crée en se détruisant dans la provocation constante.

Et, comme dans les cérémonies antiques consacrées au dieu deux fois né, ce qu'Amy Winehouse a rencontré au fond de la coupe sacrée vidée de son vin, ce sont deux yeux grands ouverts peints, deux yeux dont le buveur ne sait plus si ce sont les siens ou ceux de la divinité qui le regarde.

Amy Winehouse est morte, un mythe est né et nous avons brûlé une sainte.

Michel Mohrt † 17 août 2011

LE BONHEUR PARADOXAL.

S ans même avoir l'impression de signer un chèque en blanc à la postérité, on peut parier que Michel Mohrt sera lu et relu dans une ou deux générations. Il y a en effet chez cet écrivain, membre de l'Académie française, né en 1914 à Morlaix et qui vient de nous quitter au cœur de l'été, un certain nombre de choses qui apparaîtront comme terriblement subversives dans un avenir proche, quand elles ne le sont pas déjà. Par exemple, Michel Mohrt était un homme attaché à ses origines. Elles étaient bretonnes et donc forcément un peu chouannes. On pourra lire, à ce propos, *La Maison du p*ère, *Le Serviteur fidèle* ou *Tombeau de La Rouërie*. Autant dire qu'il y avait du franc-tireur chez Michel Mohrt mais aussi une morale d'explorateur. Pour bien connaître les autres, encore faut-il savoir d'où l'on vient et ne pas rester enfermé dans *La Prison maritime*, pour reprendre le titre d'un de ses livres les plus célèbres, aux accents conradiens, grand prix du roman de l'Académie française en 1962.

Beaucoup des personnages de Michel Mohrt s'en vont aux États-Unis à la fin des années 1940.

Ce fut aussi le cas de l'auteur. Il avait perdu un ami qui s'était trompé de camp et la France faisandée des existentialistes n'était pas du goût de ce marin dans l'âme qui laissa agir son tropisme occidental. On peut lire cette envie d'autres horizons dans *Les Nomades* ou dans *Vers l'Ouest*. Le goût des Chesterfield sans filtre, la fraîcheur des mint julep sur les terrasses ensoleillées des buildings new-yorkais, c'était tout de même autre chose. Cela nous vaudra deux volumes de *L'Air du large*, où l'on trouve les meilleures pages qui puissent se lire, notamment sur la littérature américaine contemporaine, écrites par celui qui introduisit Styron en France.

Relire Michel Mohrt sera aussi une excellente manière de nous apercevoir de tout ce que nous aurons perdu avec cet effacement d'un monde d'avant qu'il aura si bien incarné. Ses livres nous renverront à une manière d'être qui savait conjuguer le « *never explain, never complain* » anglo-saxon et une certaine désinvolture polie et pétillante d'éternel jeune homme qui aimait les femmes. Il y eut – mais si ! – une époque où tout ce qui relevait de l'amour ne se confondait pas avec la guerre des sexes. Cette souveraine légèreté en la matière fait le charme fou de romans comme *Deux Indiennes à Paris* ou *L'Ours des Adirondacks*, entièrement dialogué, petit bijou de virtuosité narrative.

C'est sans doute *La Campagne d'Italie* que nous conseillerions à ceux qui voudraient entrer dans l'œuvre de Michel Mohrt. C'est une tragicomédie stendhalienne, en grande partie autobiographique, où des jeunes gens font leur éducation sentimentale sur le front des Alpes en 1940, décrochant sur ordre après quelques rafales de mitrailleuses, pour conclure leur aventure, le sourire aux lèvres, la rage au cœur et les larmes aux yeux, par cette réplique culte qui termine le roman : « On ne s'en remettra jamais. » Comment rêver meilleure devise ?

Même si son traitement romanesque n'excluait pas l'ironie amère, la guerre a été une chose grave pour Michel Mohrt. Il faut dire qu'elle s'est confondue avec un effondrement de la France entière qui a marqué sa jeunesse et qu'elle a donné le sujet de deux de ses romans les plus ambitieux, *Mon royaume pour un cheval* et *La Guerre civile*. Michel Mohrt y racontait que toute guerre est une fêlure qui n'oppose pas seulement les Nations les unes aux autres mais qui peut aussi opposer, de façon plus ou moins larvée, un peuple à lui-même pendant des siècles, une fêlure qui passe parfois au cœur des êtres eux-mêmes.

On lui doit, plus personnellement, des lettres amicales, le goût pour le whisky, les Chesterfield sans filtre mais aussi des encouragements prodigués avec une bienveillance souriante accentuée par ce regard très clair et ces moustaches à la major Thompson.

En exergue de *La Guerre civile*, on peut lire ces lignes de Chateaubriand : « Le monde était bouleversé mais il arrive que le retentissement des catastrophes publiques, en se mêlant aux joies de la jeunesse, en redouble le charme ; on se livre d'autant plus aux plaisirs qu'on se sent près de les perdre. »

Elles résument parfaitement, aujourd'hui plus que jamais, Michel Mohrt et son œuvre, tout entière traversée par ce bonheur paradoxal.

Troy Davis † 21 septembre 2011

UNE NOTE SÉRIEUSEMENT DÉGRADÉE.

Blessés au plus profond de leur orgueil et n'ayant pas supporté, on les comprend, de voir leur note dégradée et de perdre l'été dernier un A, comme une vulgaire Italie, les USA ont décidé de se venger des agences de notation par l'intermédiaire de leur justice.

Troy Davis, un noir de quarante et un ans, était accusé du meurtre d'un policier en 1989 par neuf témoins dont sept se sont rétractés au cours des années. De plus, il ne possédait pas d'arme au moment des faits. Depuis 1991, où il avait été condamné à mort, il attendait dans le couloir du même nom au pénitencier de Jackson (Géorgie), en vivant aux frais du contribuable et en aggravant les déficits étasuniens.

Malgré l'ultime tentative de recours de ses avocats, la Cour suprême a autorisé que l'on dégrade la note de Troy Davis, et qu'on lui retire, par injection létale, les lettres T, R, O, Y, D, A, V, I et S.

Steve Jobs † 5 octobre 2011

MESSIE COSMOPLANÉTAIRE.

Le hasard a fait que Steve Jobs est mort quelques jours après que France Télécom a annoncé la disparition programmée des derniers services que l'on trouvait exclusivement sur Minitel. Et, subséquemment, la mort du petit cube bicolore beige et marron, qui sera définitive en juin 2012. Cela a fait beaucoup moins de bruit, la mort du Minitel… Qui l'avait inventé, d'ailleurs, le Minitel ? Justement, personne. Ou plutôt un groupe, un groupe d'ingénieurs des PTT, dans les années 1970. Des types probablement surmutualisés, gréviculteurs, avec des retraites somptuaires à soixante ans. Le contraire de Steve Jobs qui, en bon chef d'entreprise, aura montré l'exemple en mourant quelques années avant l'âge symbolique.

Un extraterrestre, façon Persan de Montesquieu, qui aurait débarqué ces derniers jours sur Terre, se serait demandé quel malheur nous avait ainsi universellement frappés. Assassinat de Kennedy, de Martin Luther King ? Mort de Jean-Paul II ? Vous n'y êtes pas. Mort de Steve Jobs. Sans rire. Mort d'un gourou doué en électronique devenu messie cosmoplanétaire parce qu'il sortait des machines, un peu plus plaisantes que celle de la (fausse) concurrence, dans le but de travailler, d'écouter de la musique ou d'échanger. Jamais les instruments de communication n'ont d'ailleurs été aussi élaborés qu'à notre époque qui n'a pourtant plus rien à dire ou si peu sur le chaos qui l'entoure.

Il y a quelques jours, on faisait remarquer sur *France Culture* à Jean-Claude Michéa que la disparition de Steve Jobs était comparable à celle de Gutenberg, ce à quoi Michéa répondait que si Gutenberg avait beaucoup travaillé à ce que le livre existe, Jobs avait beaucoup œuvré à sa disparition. Pour Michéa, Jobs est l'archétype de l'homme de gauche. Une fois que l'on a compris que pour notre philosophe, l'homme de gauche est un libéral qui a oublié qu'il était libéral ou ne veut plus le savoir, tout devient clair.

J'ai été étonné de voir de manière aussi indécente l'émotion française suscitée par la mort de Monsieur Pomme. Il m'a semblé que le défunt patron d'Apple incarnait plutôt l'exact envers de la France qu'on aime, celle du monde d'avant : Steve Jobs, c'est tout de même le mondialisme, le culte de la nouveauté pour la nouveauté, la négation systématique du passé que l'on confond avec l'obsolescence technologique, l'apologie de l'individu nomade mais toujours joignable, la déterritorialisation heureuse créée par l'illusion de vivre dans un présent perpétuel et la dématérialisation des supports traditionnels (disque, livre, film) pour parfaire l'illusion que l'on emporte tout avec soi et qu'il n'y a plus besoin des bibliothèques dans les maisons de campagne.

Non, décidément, il y avait quelque chose de plus aimable dans le Minitel. D'abord, tout le monde y avait droit, il suffisait d'aller le chercher au bureau de poste du coin. Vous le branchiez et, dès 1982, vous pouviez consulter vos comptes en banque ou les horaires de train. C'est sur un Minitel que j'ai appris les résultats aux examens et concours que mes proches et moi avons pu passer. On se souvient tous d'amis américains étonnés par cette technologie qui nous évitait les files d'attente. Oui, il y eut un moment dans le monde où en France, alors que l'ordinateur personnel était encore de l'ordre du rêve, n'importe quelle grand-mère de Saint-Malo (ce fut la ville pilote du Minitel) pouvait se renseigner auprès de n'importe quelle administration ou vérifier l'heure de la prochaine séance de cinéma. Oui, en ce temps-là, chose étonnante, les vieux avaient encore les moyens d'aller au cinéma.

Aujourd'hui, tout le monde a des iPhone, les pauvres comme les riches. Oui, mais les pauvres sont quand même beaucoup plus surendettés. C'est qu'entre-temps l'utile est devenu un objet de mode, c'est-à-dire un signe extérieur de richesse. La mort du Minitel qui, coïncidence, interviendra un mois après l'élection du nouveau ou de la nouvelle présidente de la République, est aussi la mort d'un choix de société qui avait été opéré par le compromis historique gaullo-communiste de l'après-guerre. Pour rester une grande Nation, on avait décidé d'innover technologiquement tout en assurant l'indépendance nationale. Et pour des projets à trente ou cinquante ans, le marché libre, ce n'est pas la solution. Même les USA avaient fait de la Nasa une agence publique... Alors on a décidé que ce serait un État colbertiste et social qui permettrait le développement du nucléaire (la bombe et les centrales), des trains à grande vitesse, des avions supersoniques, d'Ariane, d'Airbus, j'en passe et des meilleures.

Le Minitel, c'était le dernier témoignage, dans les années 1980, de cette volonté nationale de ne pas mourir dans une compétition que l'on n'appelait pas encore « la mondialisation ». Mais attention, de ne pas mourir en suivant nos règles du jeu : un État fort qui orientait la production grâce à un pôle financier public puissant. On a décidé, enfin les socialistes au pouvoir (comme Michéa a décidément raison !), d'ouvrir une parenthèse libérale en 1983 qui ne s'est jamais refermée. C'est bien dommage parce que depuis, il n'y a plus de grands projets et nous vivons sur l'acquis d'initiatives qui remontent aux années 1960 et 1970.

Résultat, on en est réduit à admirer Steve Jobs, à trouver que c'est un modèle et à reléguer en dernière page les reportages sur les conditions de vie des ouvriers chinois qui travaillaient pour lui. Ah, une tablette iPad, c'est plus sexy qu'un Minitel ! Mais quand on allumait son Minitel, on était au moins sûr que ceux qui l'avaient construit ne l'avaient pas fait dans une situation qui rendrait enviable celle des mineurs de *Germinal*.

La fin du Minitel et la mort de Steve Jobs sont finalement deux symboles du choix de civilisation qu'est en train de faire la France, malgré la France. Hypothèse heureuse, ou disons moins malheureuse : celle du roman de Houellebecq, *La Carte et le Territoire*. La France est dans le rôle de la Grèce antique pour le monde romain. On vient visiter les ruines d'une grandeur passée, les vestiges d'une Atlantide disparue. Les habitants travaillent dans les structures touristiques ou vivent en néoruraux friqués adeptes des nouvelles technologies et font des fêtes communautaires dans des villages rénovés. On fabrique encore du parfum prisé par les élégantes de Singapour et des fromages au lait cru pour les gastronomes du Brésil. Hypothèse pessimiste : un pays réduit à une place financière, façon Royaume-Uni, peuplé de petits vieux aigris et paupérisés par le remboursement sisyphéen de la dette, coincés dans des terreurs obsidionales soigneusement entretenues pour qu'ils oublient qu'ils sont les premières générations à vivre moins bien que les précédentes.

Tapez 36-15 « Déclin » et ne m'appelez plus jamais France. Le Minitel, il m'a laissé tomber. Et allez pleurer Steve Jobs. Comme tout le monde.

Mouammar Kadhafi † 20 octobre 2011

LE LYNCHAGE À VISAGE HUMAIN.

Tout de même, nous n'avons pas de chance, nous, citoyens des démocraties occidentales.

C'est en notre nom, d'après ce que j'ai compris, et des valeurs qui nous font vivre dans des États de droit que nous avons attaqué et bombardé depuis une vingtaine d'années : la Bosnie serbe (1995), la Serbie (1999), l'Irak (1991 et 2003), l'Afghanistan (2001) et la Libye (2011). À chaque fois, il s'agissait d'en finir avec une tyrannie meurtrière, et ça allait être tellement mieux après, on allait voir ce qu'on allait voir.

Même en admettant que rien ne se déroule tout à fait comme on le prévoit, ce qui peut se comprendre quand on décide d'écraser des fourmilières avec une pluie de missiles thermoguidés, on aurait préféré que ces guerres aient une vertu pédagogique, que civils et militaires ne soient pas morts pour rien et que les dictateurs ou les terroristes ainsi mis en échec puissent rendre des comptes devant le monde entier.

Pour tout dire, on aurait souhaité, de temps en temps, un nouveau procès de Nuremberg ou un nouvel *Eichmann à Jérusalem* qui ont eu, pour en finir définitivement avec le nazisme, autant d'importance que la défaite du nazisme elle-même. Je fais ce parallèle car je me souviens très bien avoir vu sur les murs de Paris, aux alentours des années 1990, des affiches comparant Milošević à Hitler et, plus tard, les mêmes avec Ben Laden ou Saddam Hussein.

Seulement voilà, à chaque fois, c'est raté. Milošević est mort dans sa prison parce qu'il ne prenait pas bien ses gouttes contre l'hypertension, Saddam Hussein a été pendu à peine extirpé de son trou dans le triangle sunnite, Ben Laden a été inhumé en pleine mer après avoir été abattu par des forces spéciales et Kadhafi a manifestement été lynché par la foule.

À chaque fois, des procès qui auraient pu être riches d'enseignements pour comprendre les mécanismes du terrorisme de masse, d'une épuration ethnique ou d'une dictature de type mafieux, n'ont pas eu lieu.

On voudrait faire croire à des esprits simples ou exaltés, conspirationnistes ou complotistes que les accusés avaient des choses gênantes à dire pour les accusateurs qu'on ne s'y serait pas pris autrement.

C'est bien dommage : quoiqu'on en dise, quand on veut casser définitivement des légendes sulfureuses, les prétoires, c'est tout de même mieux que les exécutions sommaires.

Dolorès-Christina † 1er novembre 2011

LE SOURIRE DE L'ENFANT MORT.

On ne devrait jamais se réjouir trop vite à la lecture des gazettes. À peine apprenait-on que le gouvernement grec se rappelait avec Aristote que la finalité de la politique, c'était quand même le bien commun et décidait donc de demander par voie référendaire son avis au premier concerné par la question, c'est-à-dire le peuple, qu'on lisait dans la rubrique des faits divers qu'une femme de trente-huit ans, SDF vivant sous une tente dans le XIVe arrondissement de Paris, accouchait d'un bébé mort-né.

Devant une telle horreur, il est hors de question de se livrer à quelque récupération politique que ce soit. Quand bien même pourrait être mise en cause la politique qui préfère le logement social durable à l'hébergement d'urgence mais sans aucun moyen réel, quand bien même pourrait-on se souvenir de la démission récente de Xavier Emmanuelli, fondateur du Samusocial, devant l'absence de perspective pour résoudre ce scandale durable. Je ne suis pas naïf : j'entends parler, depuis des décennies, tout gouvernement confondu, et en général au moment des élections, de l'ardente obligation de trouver pour tous un logement digne de ce nom et depuis des décennies, je sais qu'on crève de froid dans les portes cochères chaque année ou qu'on grille brûlés vifs dans les hôtels pourris des marchands de sommeil. Et puis de toute façon, il y a cette certitude que, dans la meilleure des sociétés possibles, celle qui assurerait à tous les besoins élémentaires, pain, logement, santé et éducation, il resterait tout de même des points aveugles, des zones intouchables et il se trouverait toujours des malheureux pour passer aux travers des mailles du filet de toutes les protections et pour mourir dans la rue. Patrick Declerck dans *Les Naufragés*, livre magnifique de colère et de désespoir sur cette question, somme définitive écrite par ce médecin qui s'est occupé d'eux jusqu'à ne plus savoir s'il les détestait ou s'il les aimait, ne dit pas autre chose. Tout juste peut-on remarquer que l'on meurt tout de même moins de cette façon dans ces social-démocraties si décriées aujourd'hui et que les SDF sont apparus massivement sur les trottoirs new-yorkais dans les premières années du reaganisme avant d'être chassés loin du centre par Giuliani, moderne Tartuffe qui voulait cacher ces mourants qu'il ne saurait voir.

Mais revenons à ce bébé mort, ici et maintenant, dans la France de 2011. Pourquoi, comme tant d'autres je pense, me suis-je senti ainsi partagé entre désespoir et colère ? Cela m'est paru assez vite évident : parce qu'il y a dans cette mort l'idée d'une profanation symbolique, d'un véritable déni métaphysique. Je m'explique. Noël n'est pas très loin, dans quelques semaines. La Nativité. La venue du divin enfant, du sauveur. Et que s'est-il passé, mardi 1er novembre, sinon une anti-Nativité ?

Il n'y a eu ni Rois mages, ni crèche, ni âne, ni bœuf. Je n'invoque pas Marx pour alimenter ma rage, j'invoque l'autre rameau de mon éducation, l'autre grande émancipation qui m'a formé, celle de l'Évangile. Je n'ai pas la foi ? Hélas pour moi. Il n'empêche que je sais comme quelques milliards d'hommes que la naissance du Christ est la promesse d'une rédemption et qu'il y a plus de deux mille ans, un enfant apportait la bonne nouvelle, apportait un message d'amour et de libération.

Ils ont bien tort, les intégristes catholiques, d'avoir manifesté ces derniers jours contre une pièce de théâtre, *Sur le concept du visage du fils de Dieu*, de Romeo Castellucci. Non seulement ils passent pour des censeurs puritains mais ils sombrent aussi dans le ridicule théologique. Croire qu'il y a une blessure supplémentaire pour le Christ aux outrages à cause d'une œuvre d'art (qu'elle soit bonne ou mauvaise est une autre question), c'est oublier ce que Bernanos faisait dire à son curé de campagne à propos des offenses faites à Jésus : « Vous pourriez lui montrer le poing, lui cracher au visage, le fouetter de verges et finalement le clouer sur une croix, qu'importe ? Cela est déjà fait. »

Sauf, peut-être, justement, cet enfant mort qui ne pourra annoncer aucune bonne nouvelle. Bien au contraire sa mort nous renvoie à notre faillite commune à tous, à nos lâchetés, à nos égoïsmes, à notre immense inattention aux plus faibles qui signe notre arrêt de mort, un arrêt de mort qui va arriver un jour ou l'autre. La gifle qui a frappé le visage du Christ pour ceux qui y croient, ou le visage de ce qu'il représente tout de même pour ceux qui n'y croient pas, est autrement plus violente.

Il existe un très beau mystère dans la religion catholique qui explique un peu cela, c'est celui de la communion des saints. Léon Bloy, chrétien flamboyant et brutal qui a écrit dans *Le Sang du pauvre* des phrases contre les bourgeois qui le feraient aujourd'hui arrêter pour incitation au meurtre plus certainement que les auteurs de *L'insurrection qui vient*, libellé presque aimable en comparaison, la définit ainsi : « Il y a une loi d'équilibre divin, appelée la communion des saints, en vertu de laquelle le mérite ou le démérite d'une âme, d'une seule âme est réversible sur le monde entier. Cette loi fait de nous absolument des dieux et donne à la vie humaine des proportions du grandiose le plus ineffable. Le plus vil des goujats porte dans le creux de sa main des millions de cœurs et tient sous son pied des millions de têtes de serpents. Cela, il le saura au dernier jour. »

Cela veut dire que nous sommes tous responsables de tous, qu'il n'y a pas une manière de balance commerciale entre nos bonnes et nos mauvaises actions et que l'on pourrait espérer s'en tirer, individuellement ou collectivement, en présentant des comptes légèrement excédentaires en faveur du bien.

Le sourire qu'on ne verra jamais de cet enfant mort de misère pourrait bien, un jour ou l'autre, faire s'écrouler tous nos empires dans un effondrement dont on cherchera les causes dans un affolement bien tardif.

Et l'on pensera à tout, absolument à tout, sauf à un petit cadavre froid dans la rue d'un pays riche qui ne savait plus partager.

Paul Lafargue † 25 novembre 2011
(cent ans de sa mort)

LES PLAISIRS ET LES JOURS...

Paul Lafargue est mort il y a cent ans, à quelques jours près. Il s'est suicidé en compagnie de sa femme, à l'âge de soixante-neuf ans. Il était le gendre de Marx et ne s'est pas toujours merveilleusement entendu avec son beau-père même si son *Droit à la paresse*, sans cesse réédité depuis sa parution en 1880, ne s'oppose pas autant qu'on a bien voulu le dire à la pensée du grand barbu de Trèves. Paul Lafargue et sa femme Laura étaient bien marxistes mais ils n'en étaient pas moins romains dans leur stoïcisme. On ne met pas fin à ses jours parce qu'on n'aime plus la vie mais parce qu'on n'a plus la force de l'aimer et que la vie mérite qu'on l'aime, c'est-à-dire qu'on en goûte, comme les Anciens, les plaisirs et les jours. Le mot d'adieu de Lafargue le dit très bien : « Sain de corps et d'esprit, je me tue avant que l'impitoyable vieillesse qui m'enlève un à un les plaisirs et les joies de l'existence et qui me dépouille de mes forces physiques et intellectuelles ne paralyse mon énergie, ne brise ma volonté et ne fasse de moi une charge à moi-même et aux autres. »

Cette sortie élégante, en couple, sera imitée par d'autres, à gauche. À droite on préfère se suicider seul, comme Drieu ou Montherlant. À gauche, André Gorz, fondateur de l'écologie politique refuse de survivre à son épouse malade à laquelle il avait consacré un livre magnifique, *Lettre à D.* Et quelques années plus tôt, c'était Roger Quilliot, maire de Clermont-Ferrand, spécialiste d'Albert Camus, et sa femme Claire qui décidaient de mourir ensemble.

Le Droit à la paresse de Paul Lafargue n'est pas le best-seller des fainéants, c'est la première réflexion sur les limites de la valeur travail. Marx, tout obsédé par l'émancipation des prolétaires, en oubliait que cette émancipation ne pouvait pas s'accomplir uniquement par le travail. Que la vie était faite pour être vécue. Que les gains de productivité pouvaient aussi être redistribués sous forme de temps libre. Qu'il y avait une malédiction dans le conditionnement de ce qu'on appelait encore les masses laborieuses : « Une étrange folie possède les classes ouvrières des Nations où règne la civilisation capitaliste. Cette folie traîne à sa suite les misères individuelles et sociales qui, depuis des siècles, torturent la triste humanité. Cette folie est l'amour du travail, la passion moribonde du travail, poussé jusqu'à l'épuisement des forces vitales de l'individu et de sa progéniture. »

Cette « étrange folie », ce n'est ni plus ni moins celle du vote ouvrier pour Sarkozy en 2007 ; même si l'on peut penser que les cinq dernières années auront fait évoluer les visions du monde du côté des derniers hauts-fourneaux mosellans, par exemple. Raison de plus, à l'approche de l'élection présidentielle, pour relire ce petit texte, qui est un concentré de lucidité. Lafargue avait une certaine méfiance pour la démocratie bourgeoise dont on voit d'ailleurs ces temps-ci qu'elle n'est pas bien solide devant les marchés. Cette méfiance, il la dit d'ailleurs en grand écrivain : « Devant les électeurs, à tête de bois et oreilles d'ânes, les candidats bourgeois, vêtus en paillasses, danseront la danse des libertés politiques, se torchant la face et la postface avec leurs programmes électoraux aux multiples promesses, et parlant avec des larmes dans les yeux des misères du peuple et avec du cuivre dans la voix des gloires de la France ; et les têtes des électeurs de braire en chœur et solidement : hi han ! hi han ! »

Paul Lafargue n'a aucune pitié pour cette classe ouvrière aliénée. On n'est pas loin du « salauds de pauvres ! » de Michel Audiard. Mais un Michel Audiard qui aurait compris comment la crise est toujours une aubaine quand il s'agit de pressurer les salaires ou de délocaliser.

Finalement, ce qui met le plus en colère Lafargue, cofondateur du Parti ouvrier français avec Jules Guesde, c'est que le progrès technique ne libère pas le temps humain alors qu'il devrait être fait pour ça. Et cette colère est d'autant plus actuelle quand on connaît les formidables bonds technologiques induits par l'informatique et Internet depuis vingt ans : « Le rêve d'Aristote est notre réalité. Nos machines, au souffle de feu, aux membres d'acier, infatigables, à la fécondité merveilleuse, inépuisable, accomplissent docilement et d'elles-mêmes leur travail sacré, et cependant le génie des grands philosophes du Capitalisme reste dominé par le préjugé du salariat, le pire des esclavages. Ils ne comprennent pas encore que la machine est le rédempteur de l'humanité, le Dieu qui rachètera l'homme des *sordidæ artes* et du travail salarié, le Dieu qui lui donnera des loisirs et la liberté. » Les loisirs et la liberté… Autant dire des idées neuves en Europe.

À demain Lafargue !

Pierre Lefranc † 7 janvier 2012

LE VIEIL HOMME ET LA FRANCE.

Un des rares moments où j'ai repris espoir en la vie politique, où j'ai eu l'impression de ne pas me battre pour des idées qui n'étaient plus de saison, ce fut lors d'un meeting de Chevènement au zénith de Lille pour la campagne présidentielle de 2002. Parmi les orateurs venus chauffer la salle, il y avait d'abord eu Rémy Auchedé. C'était un député communiste du Pas-de-Calais. S'il avait rejoint Chevènement, c'était parce que celui-ci lui semblait le meilleur candidat possible pour lutter contre la mondialisation et la désindustrialisation : dans le Nord et le Pas-de-Calais, ce ne sont pas des concepts mais des réalités se matérialisant au cœur des villes par des friches industrielles qui sont comme autant de plaies à vif sur un grand cadavre à la renverse, comme disait l'autre. Il n'avait pas très confiance dans le PCF de Hue qu'il trouvait de moins en moins communiste. Il n'avait pas tort, Auchedé : Robert Hue dirige maintenant un groupuscule, le MUP, dont on ne sait pas si c'est un think tank ou un parti mais qui, en tout cas, préfère aujourd'hui vivre sa vie dans le sillage du PS social-libéral que du Front de gauche.

Et puis ensuite, sur la tribune, ce fut Pierre Lefranc.

Je m'avise, alors que je viens d'apprendre sa mort, qu'il avait déjà quatre-vingts ans. Il ne les faisait pas. Il doit y avoir une forme de grâce qui ne fait pas vieillir ceux qui voyagent toute leur vie avec un idéal comme on se promène avec une femme aimée, sans la quitter un instant des yeux. Et puis autre chose, que j'avais déjà remarqué avec Messmer, voire Chaban, c'est la tendance des grands barons du gaullisme, avec l'âge, à ressembler à de Gaulle lui-même. Pierre Lefranc, ce soir-là, en avait la stature, le débit, l'intonation. Sa moustache blanche, peut-être, lui conférait aussi une vague ressemblance avec l'écrivain Michel Mohrt qui lui, avait été franchement de l'autre bord.

Je me souviens notamment que Pierre Lefranc parla alors des dangers toujours renouvelés de voir à travers l'Union européenne et la monnaie unique se réaffirmer une domination sans partage de l'Allemagne. On voit bien, ces jours-ci, que ce vieux monsieur disait n'importe quoi.

Il était né en 1922. Quand vous voyez, mais cela devient de plus en plus rare, un vieux gaulliste ou un vieux communiste encore en vie et qu'ils sont toujours aussi gaulliste et aussi communiste, c'est en général qu'ils ont eu des flirts assez poussés avec l'Histoire. Celui de Pierre Lefranc commence par ce qui est peut-être l'acte fondateur de la Résistance : la manifestation étudiante du 11 novembre 1940 sous l'Arc de triomphe pour déposer une gerbe sur la tombe du soldat inconnu. Le mouvement avait été spontané, on y trouvait majoritairement des membres de l'Action française qui ne se résolvaient pas à la politique de collaboration mais aussi des communistes que ne paralysaient pas le pacte germano-soviétique et qui demandaient la libération du professeur Paul Langevin, le célèbre physicien et accessoirement président du Comité des intellectuels antifascistes, arrêté le 30 octobre. Cette manifestation fut violemment réprimée par la Wehrmacht et Pierre Lefranc se retrouva incarcéré à Fresnes, blessé.

À dix-huit ans, comme Fabrice del Dongo, on s'évade toujours. Ensuite, la destinée de Pierre Lefranc se confond avec celle de De Gaulle et du gaullisme : Londres, le parachutage en France en 1944 pour harceler les troupes allemandes se repliant après le Débarquement et la poursuite de la guerre dans la 1re armée de De Lattre. Après, tout en faisant partie des fondateurs du RPF, il en acceptera la dissolution et entamera lui aussi une traversée du désert avec les derniers fidèles, jusqu'à la divine surprise de 1958. Mais son gaullisme chimiquement pur, synonyme de fidélité, se verra également au moment de 1968 quand il comprendra très tôt que les révoltes étudiantes finiront par être les idiotes utiles d'une reprise en main par les pompidoliens d'une France que de Gaulle voulait non-alignée, avec sa doctrine de défense « tous azimuts », c'est-à-dire avec les missiles de notre dissuasion nucléaire dirigés vers l'Est mais aussi vers l'Ouest.

C'est sans doute cette dénaturation du gaullisme dans des avatars successifs qui le transformèrent en banal mouvement de droite, avant qu'il ne disparaisse complètement de notre vie politique, qui fit qu'un soir de janvier, dans une salle où les gens venaient plutôt de la gauche, le vieil homme qui aimait la France fut acclamé.

Pierre Benoit † 3 mars 2012
(cinquante ans de sa mort)

AMOUR, GLOIRE ET BEAUTÉ.

On ne dira jamais assez le charme des bibliothèques désordonnées, dans les maisons de
campagne. Les livres qu'on y trouve retracent non
seulement les étés d'une rêveuse bourgeoisie assoupie
à l'ombre des tilleuls mais aussi ce que fut le goût
dominant de toute une époque. Comme beaucoup
d'autres, je crois, c'est dans ces circonstances que j'ai
lu, au moment de l'adolescence, mon premier Pierre
Benoit. C'était *L'Atlantide*, le livre sentait la poussière
et l'encaustique mais aussi le sable du désert et la peau
épicée d'Antinéa. Le Sahara venait se superposer au
Morbihan et l'on avait soudain des envies de carrière
militaire, de s'appeler Morhange ou Saint-Avit, officiers perdus tombant sous le charme d'un royaume
oublié et de sa souveraine.

Il est sûr que la lecture de Pierre Benoit, dont on
célèbre le cinquantenaire de la mort, n'incite pas les
jeunes gens romanesques à une vision très progressiste du monde. L'univers de Pierre Benoit est celui
d'un fieffé réactionnaire, assez dans la logique de son
temps et de son milieu, celui d'un fils de militaire de

carrière, né dans la France provinciale de 1886. De surcroît, Benoit se battit courageusement en 1914 avant de tomber malade à la bataille de Charleroi. Si ça se trouve, sans le savoir, il se battit aux côtés de Drieu la Rochelle qui était aussi dans les parages et qui fait aussi un retour remarqué dans les librairies en entrant dans la « Pléiade ».

Raphaël Sorin a cru bon d'écrire à ce propos qu'il fallait « relire Benoit et oublier Drieu ». C'est tout de même discutable d'un point de vue littéraire. On a beau avoir rêvé sur *Koenigsmark* et *La Châtelaine du Liban*, les deux autres gigantesques succès de librairie de Benoit, *Le Feu follet* et *Gilles* tiennent mieux la route. Tout simplement parce qu'ils datent moins que la littérature de Benoit, fabricant de best-sellers dont la première ambition fut avant tout de faire oublier par un exotisme débridé les horreurs de la Première Guerre mondiale. Tandis que Drieu s'obstina, lui, à renvoyer au visage de la France son reflet torturé et déplaisant.

Pierre Benoit, en plus, comme son ami Paul Morand, était doué pour le bonheur et le voyage, ce qui revient au même. Réactionnaire, oui, mais réactionnaire heureux : l'homme ne fut jamais franchement tracassé par les idéologies, restant simplement persuadé qu'il fallait croire en la grandeur de la France, de son armée, de son Empire et que Barrès avait à peu près tout dit sur la question. On lui fit payer cher cette désinvolture qui lui faisait dans un même mouvement aimer Charles Maurras et les fêtes où l'on douche au champagne une jolie fille nue en compagnie du ministre de l'Éducation, tout ça pour célébrer son élection à l'Académie française.

À la Libération, on lui demanda des comptes en l'emprisonnant à Fresnes. Pour le coup, tout cela était bien injuste. D'ailleurs, c'est Aragon le communiste, le procureur impitoyable du CNE, qui dédouana lui-même Benoit de toute accusation de collaboration.

Pierre Benoit, bien avant Sartre, disait que le devoir d'un romancier, c'était d'être de son temps. C'est sans doute ce qui le perdit et lui fit connaître un purgatoire d'un bon demi-siècle. Pour Benoit, être de son temps signifiait surtout savoir plaire au public de son temps. Il y réussit à merveille mais son public vieillit et disparut avec lui.

Le hasard m'a ainsi, il y a quelques semaines, fait assister du côté de Saint-Céré, dans le Lot, à une conférence donnée par Bernard Vialatte, président des Amis de Pierre Benoit. Pourquoi Saint-Céré ? Tout simplement parce que le globe-trotteur infatigable aimait se réfugier dans la chambre numéro 2 de l'hôtel Terminus, qui existe toujours, pour écrire ses romans entre deux voyages. Il y restait enfermé toute la journée, ne sortant que pour une promenade vespérale avec un ami pharmacien. Typiquement un rêve d'écrivain, ça : avoir une chambre d'hôtel dans un chef-lieu de canton élégant et endormi pour re-créer le reste du monde avec une feuille, un encrier et un porte-plume, derrière des persiennes qui laissent passer le soleil et le rire des filles sur la place.

Ce qu'il y a de bien, avec une nation littéraire comme la France, c'est que les écrivains, même oubliés, même d'importance secondaire, ont des amateurs exclusifs qui se passent le flambeau de génération en génération, publient des cahiers et se réunissent de temps à autre, comme des sociétés secrètes. Ce soir-là, à Saint-Céré, c'était la fête pour les Amis de Pierre Benoit. Ils avaient réussi leur coup : leur idole revenait à la mode, ils allaient pouvoir sortir de la clandestinité et pour célébrer ça, ils ont même projeté *Lunegarde*, une rareté, un film de Marc Allégret datant de 1946, adaptation d'un des « romans du terroir » de Benoit qui excellait aussi dans ce genre-là. Le scénario reposait sur une ou deux coïncidences profondément invraisemblables mais enfin, il y avait un vrai charme onirique, presque aurevillien dans cette histoire se déroulant entre un château du Quercy et le canal de Suez avec pour personnages un père abusif, une mère indigne, un jeune ingénieur courageux, une jeune fille exaltée et un truand sympathique.

C'est alors que m'est apparu très clairement ce qui me rendait inexplicablement mélancolique dans ce retour éditorial de Pierre Benoit. C'est qu'il faisait apparaître, en négatif et dans toute sa cruauté, la médiocrité de ceux qui occupent, dans la République des lettres, la place que lui-même occupa jadis, à savoir celle de « romancier à succès ».

Allons plus loin : imagine-t-on Musso et Vincent Peillon inonder de champagne une muse d'arrondissement pour fêter une élection à l'Académie ? Imagine-t-on Levy démissionner de cette même Académie parce que le président de la République met son veto à l'élection d'un ami, ce que fit Pierre Benoit pour Paul Morand, retoqué par de Gaulle ? Imagine-t-on, enfin, des associations des Amis de Musso et Levy pour préserver leurs œuvres, jetables comme les rasoirs du même nom, des outrages du temps ?

Mais le plus triste dans cette affaire, au bout du compte, ne sera-t-il pas dans cinq décennies le jeune homme romanesque qui, s'il existe encore des bibliothèques désordonnées dans les maisons de campagne, n'y trouvera pour meubler son ennui que des fictions calibrées, un vocabulaire de communicant et un imaginaire de jeu vidéo transposé sur papier ?

Tout cela ne pourra même pas lui donner un instant d'évasion mais témoignera en revanche de l'étrange obscénité qui fut celle de notre temps et qui forçait à conjuguer succès commercial et nullité définitive. Quand Pierre Benoit gardait, lui, à chaque ligne, le souci de son lecteur, répétant que pour écrire un bon roman qui plaise au plus grand nombre, il fallait « de l'expérience et de la rêverie ».

Félicien Marceau † 7 mars 2012

IL ME SEMBLE QUE FÉLICIEN MARCEAU EST À CAPRI.

Comme bon nombre des meilleurs écrivains français, Félicien Marceau était belge. L'académicien, mort cette semaine à quatre-vingt-dix-huit ans, avait connu les années sombres dans son pays d'origine. Catholique comme Hergé à la même époque, il n'avait pas forcément choisi le bon camp quand il avait travaillé jusqu'en 1942 pour une radio nationale qui n'avait plus de national que le nom, étant donné les bruits de bottes que l'on pouvait entendre sur les pavés de la Grand-Place, les éructations des rexistes de Degrelle et le silence assourdissant du roi qui montrait tout de même beaucoup moins de courage que ses cousins hollandais ou danois. La Belgique ne pardonna pas à Louis Carette, qui était son vrai nom, cet engagement, et le condamna à une lourde peine de prison.

Mais Carette était déjà devenu Félicien Marceau. Son goût pour les masques, la mobilité, l'évasion, tout cela hérité de sa passion pour Casanova, sans doute… Et comme Casanova, il avait l'art de l'esquive élégante. Hors de question de payer toute une vie des erreurs de jeunesse. On peut comprendre quand on voit comment certains n'ont rien payé du tout en faisant bien pire.

Du coup, on pouvait le trouver, dans ces années-là, à skier dans le nord de l'Italie et à développer une sorte de morale insulaire pour personnes déplacées. On en a un écho plaisant dans un de ses premiers romans, *Capri petite île*.

Félicien Marceau connut le succès public à plusieurs reprises et notamment grâce au théâtre, en 1956, avec sa pièce *L'Œuf* qui est finalement une variante camusienne sur le sentiment de l'absurde s'emparant d'un homme ordinaire qui ne comprend plus rien à un monde clos sur lui-même et ne s'en sort que par le meurtre.

On en oublierait presque, à lire le sujet de cette pièce, que si Félicien Marceau savait être sarcastique et noir, il était aussi un écrivain solaire, doué pour le bonheur. Des romans comme *Bergère légère*, *Les Élans du cœur*, *Les Passions partagées* ou encore ses mémoires *Les Années courtes*, ont assuré des journées de lectures aux jeunes gens qui ne se fiaient qu'aux impulsions de leur goût et ne demandaient pas ses papiers idéologiques à l'auteur dès qu'ils ouvraient un de ses livres. C'est pour cela qu'il n'est pas rare dans les bibliothèques de ces aimables subversifs, de trouver les romans de Marceau à côté de ceux de Nimier, Déon, Laurent, Blondin, Perret, enfin vous aurez compris, les suspects habituels…

Oui, tous sont de droite, parfois très à droite. Et alors ? L'époque a du mal à admettre, et apparemment ça ne va pas s'arranger, que la littérature est une zone franche, une manière de plage ensoleillée où l'on va éviter la guerre civile et se baigner entre gens de bonne compagnie. Et puis, n'est-ce pas, quand toutes les idéologies sombrent, et elles sombrent souvent, ce qui reste au bout du compte, c'est le style. Le style, pour le coup, Félicien Marceau n'en manquait pas. Le style mais aussi la légèreté, l'impression de facilité dans l'art de dérouler les phrases et de raconter une histoire, c'est aussi pour cela bien plus que pour des engagements douteux, que certains écrivains sont secrètement détestés.

Félicien Marceau, finalement, ne croyait qu'en la littérature comme seule réalité du monde. Il a écrit pour montrer cela le meilleur livre qui soit sur Balzac, *Balzac et son monde*. Un essai conçu comme un bottin mondain des personnages, un *Who's Who* de *La Comédie humaine*. Il le publie en 1955. La date a son importance. Dans ces années où, après l'existentialisme, le nouveau roman et le structuralisme prennent leurs envols grisailleux, Marceau réaffirme la prééminence du personnage, autant dire du sujet.

Et surtout, dans *Balzac et son monde*, il laisse entendre quelque chose de scandaleux : pour le lecteur, le vrai lecteur d'un grand écrivain, les personnages qu'il fréquente toute une vie ont finalement pour lui plus d'importance que son voisin de palier. Et, pour prendre Balzac comme exemple, il apparaît évident que nous sommes un certain nombre à ne pas nous remettre de la façon dont le marquis d'Ajuda-Pinto quitte madame de Beauséant alors que l'on doit se forcer pour compatir au divorce de son coiffeur.

Félicien Marceau a aussi laissé deux romans qui sont de magnifiques témoignages sur ces mêmes années 1970, cette dernière décennie du monde d'avant. Il y a d'abord *Creezy* qui eut le prix Goncourt en 1969. Dans des appartements avec des poufs blancs et des lampes de chevet orange, un homme politique ambitieux retrouvait sa maîtresse, un mannequin sublime. Comme il tenait sa fortune et ses relations d'une épouse de la vieille bourgeoisie, il connaissait un dilemme. On ne vous raconte pas la fin mais il faut savoir que si l'univers de Marceau est sensuel, il n'est pas romantique pour autant. Ensuite, il faut lire *Le Corps de mon ennemi* qui date de 1975. Une histoire de vengeance. Un petit gars d'abord accepté par les notables avant d'être victime de leurs magouilles et de se retrouver en prison. Il revient pour se venger. Cela se passe dans une grande ville imaginaire du Nord, connue pour ses filatures. À l'époque, il y avait encore des filatures, des ouvriers, de la lutte des classes, des R16, des grèves, des femmes qui s'habillaient le soir pour dîner et des élections municipales qui avaient de petits airs de guerres civiles, avec leurs nervis patronaux. *Le Corps de mon ennemi* sort l'année où Marceau est élu à l'Académie française, 1975, ce qui est amusant car il y a du Horace McCoy, voire du Jim Thompson dans ce roman-jeu de massacre au rythme américain. Comme si la « Série noire » mettait en contrebande un habit vert.

Creezy et *Le Corps de mon ennemi* ont donné deux films, eux aussi typiques des années 1970. Il s'agit de *La Race des seigneurs* (pour *Creezy*) de Pierre Granier-Deferre avec Alain Delon et Sydne Rome, belle comme une couverture de *Playboy* sous Giscard. *Le Corps de mon ennemi* est tourné avec Belmondo par Henri Verneuil sur des dialogues de Michel Audiard. C'étaient typiquement ce qu'on appelait les films du dimanche soir et il nous semble bien que c'est la première fois que nous avons vu, écrit au générique, le nom de Félicien Marceau, et que c'est de cette manière, aussi, que nous avons eu envie de lire l'écrivain qui inventait de telles histoires. Comme quoi, regarder la télé menait encore à tout en ce temps-là, même à Félicien Marceau.

Ray Bradbury † 5 juin 2012

LE PESSIMISTE ENCHANTÉ.

Ray Bradbury est enfin arrivé sur Mars à l'âge de quatre-vingt-onze ans, quelque part à l'ouest d'octobre en croquant les pommes d'or du soleil. Avant d'être un des plus grands écrivains américains, il avait été ce petit garçon né en 1920, pour qui l'enfance se confondit avec la Grande Dépression. On sous-estime trop souvent le traumatisme que représenta la plus grande crise économique de l'Histoire sur une génération d'écrivains nés à cette époque, et aussi différents que Bukowski, Salinger, Kerouac ou Bradbury. Ils n'en parlèrent jamais directement mais une bonne partie de leurs œuvres peut se lire comme une stratégie d'évitement, une promenade angoissée autour d'un trou noir que l'on ne veut pas nommer.

Pour Bradbury, la fuite fut dans le rêve, la tête dans les étoiles, le cœur dans ces petites villes américaines au milieu de nulle part. Celles où s'arrêtent des cirques ambulants par des après-midis d'été trop chaudes, celles où le temps semble s'abolir pour des enfants qui s'ennuient et ressuscitent de vieilles légendes, celles où l'on apprend près d'une station-service que là-bas, dans les grandes villes, la fin du monde est en cours.

Bradbury fut classé parmi les écrivains de science-fiction. C'est une manière de paradoxe parce que peu d'écrivains se méfièrent autant que lui de la science. Le progrès technologique, pour Bradbury, se faisait forcément au détriment d'un recul de civilisation et altérait la beauté du monde comme l'imaginaire de l'humanité.

Lisez ou relisez *Chroniques martiennes*, son chef-d'œuvre le plus connu, qui date de 1950. Ce classique de nos collèges mérite qu'on y retourne une fois adulte. Jamais un livre ne présenta la conquête spatiale sous un jour aussi sombre. Elle est réduite à une expédition coloniale qui est l'ultime espoir d'une Terre épuisée. L'homme se comporte sur Mars comme un barbare inconséquent, un béotien maladroit et détruit presque sans s'en rendre compte la culture martienne qui avait su, elle, transformer sa technologie en poésie pour faire du monde un diamant fragile peuplé de créatures diaphanes : « Oui, leurs villes sont belles. Ils savaient associer l'art à la vie. Pour les Américains, ça a toujours été une chose à part. Quelque chose qu'on relègue dans la chambre du haut, celle de l'idiot de la famille. »

Il n'est pas étonnant que certains historiens de la science-fiction aient classé Bradbury comme ouvertement réactionnaire alors que celui-ci ne cessa pourtant par ailleurs de dénoncer la ségrégation raciale dans nombre de ses nouvelles. Son œuvre est en effet l'exact envers de celle de son contemporain Isaac Asimov, l'écrivain préféré des lycéens en filière scientifique. Asimov croyait dur comme fer, avec la foi d'un charbonnier néopositiviste, que les robots étaient une solution pour sauver l'humanité, que l'homme était fait pour dominer l'univers et qu'il n'y avait pas un problème que la science ne saurait résoudre. Il suffit de regarder autour de soi pour comprendre à quel point cet optimisme prométhéen est devenu terriblement hors-saison alors que le pessimisme enchanté d'un Bradbury n'a pas pris une ride.

On s'en rend compte notamment à la lecture de *Fahrenheit 451*, roman ouvertement antimaccarthyste de Bradbury qui imagine une société dans laquelle le livre est banni. Des pompiers spécialisés sont chargés de traquer les derniers lecteurs et de brûler leurs bibliothèques. Les résistants en sont amenés à apprendre par cœur les grands classiques de la littérature et à se réfugier dans les bois en espérant des temps meilleurs et surtout ne pas prendre une balle : sinon, c'est *Don Quichotte* ou *L'Odyssée* qui disparaîtraient avec eux. *Fahrenheit 451*, qui fit l'objet d'une adaptation trop méconnue par François Truffaut en 1966, dépasse bien sûr cette simple allégorie politique (comme *1984* dépasse la simple critique du stalinisme) pour devenir une grande œuvre antitotalitaire qui continue aujourd'hui, plus que jamais, à questionner notre rapport de plus en plus aliénant à l'image omniprésente.

On peut lire, au dos de la première édition française du *Pays d'Octobre* des extraits de critiques dont celle de *Paris Presse* qui déclare : « Ray Bradbury : le Marcel Aymé de la science-fiction ». Finalement, on ne saurait mieux dire.

Thierry Roland † 16 juin 2012

LOIN DEVANT !

Voilà, c'est ça vieillir, finalement. C'est perdre progressivement des repères dans tous les domaines. On veut faire croire pour rassurer que l'âge vous offre un monde plus cohérent, débarrassé de l'accessoire. Tu parles. Vieillir, c'est surtout avancer vaille que vaille dans un monde qui vous ressemble de moins en moins. On voudrait faire marche arrière et on ne peut pas. On s'accroche à des chansons, des disques vinyles, des photos d'étés heureux, des vieux journaux gardés par fétichisme. On appelle ça la nostalgie. C'est un mal qui nous fait du bien, la nostalgie. En grec, littéralement, ça signifie « la douleur du retour » : ce pincement au cœur, ce poids sur le plexus quand on sent les années qui s'enfuient alors que l'on croyait, que l'on croit, que tout s'est passé hier, que c'est encore à portée de main.

Thierry Roland est mort et je ne me sens pas très bien.

Vieillir, c'est voir s'estomper tous les paysages. S'apercevoir que l'on est progressivement le prisonnier d'un univers qui n'a plus grand-chose de com-

mun avec celui que l'on a connu enfant. Au hasard ?
Où sont passées les R5 orange ? Les cabines télépho-
niques et les demoiselles du renseignement ? Où sont
passées les robes à smoke qui masquaient la pubes-
cence mystérieuse des seins de nos cousines ? Que
sont devenus *Le Matin de Paris*, le corps de Sophie
Barjac dans *L'Hôtel de la Plage*, le Tang orange dans
les cafés de notre jeunesse perdue où la télé au-des-
sus du bar n'avait pas d'écran plat et seulement trois
chaines ? On allait y voir entre copains des matchs de
foot. Ces années-là, la France ne faisait pas des mer-
veilles, c'était avant les dream team de Michel Hidalgo
mais c'était déjà Thierry Roland qui commentait.

Thierry Roland est mort et je suis anormalement
triste à cette nouvelle.

Je sais que c'est parce que je vieillis, voilà, c'est tout.
Il avait soixante-quatorze ans, il venait d'avoir « un pé-
pin de santé ». On parlait comme ça dans les années
1970 pour dire qu'on n'allait pas bien. Tout Français
ayant regardé la télé dans les années 1970 et 1980, ne
serait-ce que quelques minutes d'un match de foot, n'a
pas pu manquer sa voix. Nasale, gouailleuse, un rien
parigote. Les voix aussi ont changé à la télé et à la radio.
Chez les journalistes sportifs comme les chroniqueurs
économiques, elles se ressemblent toutes. De toute façon, puisque dans ces deux domaines il s'agit de laisser
parler des spécialistes aseptisés qui disent tous la même
chose, pourquoi laisser le plaisir des intonations, des
accents, des tessitures différentes ? Il faut des robots
pour commenter un monde qui se robotise.

Thierry Roland est mort et ce n'était pas un robot. Un robot ne dit pas de conneries. Thierry Roland en disait beaucoup. Le puritanisme ambiant lui aurait vite fait un procès en sorcellerie. Avant, on se contentait de dire « Quel beauf ! », « Quel nul ! » mais jamais « Quel salaud ! » Il était au commentaire sportif ce que Jean Yanne était au cinéma. L'image rugueuse du Français vaguement poujadiste qui n'a pas sa langue dans sa poche mais qui n'est pas méchant, au fond. Ses remarques sur la compétence d'un Tunisien pour arbitrer la France dans un match de haut niveau, aujourd'hui, on l'empalerait pour ça. C'est mauvais signe. Tout le monde est devenu plus sensible. Les Tunisiens qui ont fait une révolution, les Français qui ont peur de leur ombre dès qu'on parle du sud de la Méditerranée, les associations qui font la police de la pensée, les arbitres qui sont obligés de se farcir la violence ordinaire des supporters et des joueurs, dans les rencontres du dimanche en promotion de district, au pied des cités ou dans les zones rurbaines.

Thierry Roland est mort et ses maladresses verbales étaient scandaleusement et involontairement drôles parce qu'elles reflétaient un monde aujourd'hui disparu plus surement que l'Atlantide. Ma préférée, pour tout ce qu'elle révèle d'une France heureuse où l'État-providence faisait consensus pour vivre ensemble, c'est : « On aura beau dire, la défense en ligne du Paraguay, c'est pas la Sécurité sociale. » J'ai oublié de quel match il s'agissait. Je n'ai pas oublié que ce genre de comparaison indiquait que même chez un type de droite, il y avait des choses qui étaient là pour l'éternité. La France des années 1970, la France de Thierry Roland, ce n'est pas compliqué, on aurait dit le Sud et ça aurait pu durer plus d'un million d'années.

Thierry Roland est mort et on a envie de présenter ses condoléances à la famille et puis aussi à Jean-Michel Larqué. Dans une époque aussi monstrueuse que la nôtre, je pense qu'il y a plus déplaisant que de travailler pendant des années avec un copain (engueulades comprises) et de se promener à travers tous les stades du monde, même les plus improbables, pour commenter un sport que l'on aime et porter un casque ridicule sur la tête.

On dit qu'il ne se sentait pas bien, qu'il n'avait pas envie d'aller en Ukraine pour commenter l'Euro. Il a même été à la limite d'une ultime gaffe en disant que la médecine ukrainienne, bon, c'était pas ça.

Je ne sais pas s'il a vu la belle victoire de la France contre l'Ukraine. 2-0 dont un but de Menez, qui a le même nom qu'un acteur de ce temps-là, du temps de Thierry Roland et du mien. Il n'est pas impossible, en cherchant bien, de trouver un film de Pascal Thomas comme *Pleure pas la bouche pleine* où Bernard Menez joue le séducteur maladroit à la campagne alors qu'un match commenté par Thierry Roland passe en fond.

Quand un gardien de but faisait un bon dégagement, Thierry Roland avait une espèce de tic langagier. Il disait avec un air de contentement « Bernard Lama... loin devant ! » Eh bien voilà, Thierry Roland est loin devant, désormais.

Frank Alamo † 11 octobre 2012

« ALLO MADEMOISELLE,
JE NE VOUS ENTENDS PLUS TRÈS BIEN. »

Frank Alamo est mort. Je vais aller rechercher la mallette tourne-disque, avec le haut-parleur intégré dans le couvercle et je vais écouter toute la nuit les 45 tours du plus beau gosse des années yéyé. Tout le monde n'a pas la chance d'avoir une tante née en 1948 qui lui a laissé son Teppaz et les disques qui vont avec quand il avait dix ans. On s'est drogué au paysage sonore français des années 1960 durant toute notre puberté. Résultat, on ne comprend rien à rien à la musique dodécaphonique et on préfère Les Surfs à Pierre Boulez. Vous vous souvenez des Surfs ? Des petits Malgaches, le seul authentique groupe hexagonal de doo-wop. Les Platters du gaullisme qui vocalisaient en plein putsch d'Alger : « À présent tu peux t'en aller ». Un message subliminal pour le général Salan. Ce morceau-là aussi, Frank Alamo l'a chanté. On a tort de ne pas écouter davantage les paroles de ces ritournelles chromées comme des Cadillac et nerveuses comme les petites décapotables MG. Elles disent l'essentiel. C'est une Fanny Ardant dévastée par l'amour dans *La Femme d'à côté* de Truffaut qui explique que tout ce qu'on peut ressentir de plus violent est déjà dans les paroles naïves des chansons d'amour pour minettes romantiques. Par exemple, nous, et bien que l'on n'ait pas été, à notre connaissance tout au moins, une minette romantique, on a quand même soigné notre premier chagrin d'amour, l'année de la sécheresse, en écoutant de manière monomaniaque « Pas cette chanson » de Johnny Hallyday. C'était en 1976, quinze ans après le putsch d'Alger justement. Que cette blonde qui s'appelait Corinne nous ait préféré un grand de troisième nous avait achevé. Putsch sentimental réussi. Alors Johnny... Alors « Pas cette chanson » :

> « Toi, que j'aime
> Mais tu sais que tu mens
> Toi, que j'aime
> Mais tu sais que tu mens
> Toi, que j'aime
> Mais tu sais que tu mens
> Tu mens, oui, oui, oui... »

De toute façon, il y a prescription et on est littérairement couvert. Proust dans *Les Plaisirs et les Jours* a écrit un « Éloge de la mauvaise musique ». Lisons-le un instant : « Détestez la mauvaise musique, ne la méprisez pas. Comme on la joue, la chante bien plus, bien plus passionnément que la bonne, bien plus qu'elle s'est peu à peu remplie du rêve et des larmes des hommes. Qu'elle vous soit par là vénérable. Sa place, nulle dans l'histoire de l'art, est immense dans l'histoire sentimentale des sociétés. Le respect, je ne dis pas l'amour, de la mauvaise musique n'est pas seulement une forme de ce qu'on pourrait appeler la charité du bon goût ou son scepticisme, c'est encore la conscience de l'importance du rôle social de la musique. Combien de mélodies, de nul prix aux yeux d'un artiste, sont au nombre des confidents élus par la foule des jeunes gens romanesques et des amoureuses. » D'ailleurs, on n'est même pas certain que ce soit de la mauvaise musique. Quelque chose qui façonne l'imaginaire amoureux d'un petit garçon de douze ans, et pour la vie, ne peut pas être franchement néfaste.

Frank Alamo, ce qu'on aimait bien d'abord, chez lui, c'était son look. Cette pochette du 45 tours de « Biche oh ma biche ». Il est allongé contre une roue de charrette. Il a un jean crème, une chemise bleu ciel, des boots et un blouson en daim. Le seul qui égalera cette virilité tranquille et mélancolique avec une allure similaire, c'est Steve McQueen dans *Bullitt*. Frank Alamo et Steve McQueen : ils étaient les plus beaux pour aller danser même si l'on sait avec Norman Mailer que les vrais durs ne dansent pas. Heureusement qu'il y avait le regard battu de Sylvie qui voulait que l'on froisse sa robe et la grande indolence flexible de Françoise Hardy qui trouvait que, même en regardant les autres, elle ne leur trouvait rien, sinon on se serait laissé aller à l'homoérotisme sans s'en rendre compte.

« Biche oh ma biche » sinon, dans son genre, n'est pas seulement le plus grand tube de Frank Alamo, c'est aussi une réévaluation de la pensée baudelairienne sur le maquillage : « Quant au noir artificiel qui cerne l'œil et au rouge qui marque la partie supérieure de la joue, bien que l'usage en soit tiré du même principe, du besoin de surpasser la nature, le résultat est fait pour satisfaire à un besoin tout opposé. Le rouge et le noir représentent la vie, une vie surnaturelle et excessive ; ce cadre noir rend le regard plus profond et plus singulier, donne à l'œil une apparence plus décidée de fenêtre ouverte sur l'infini ; le rouge, qui enflamme la pommette, augmente encore la clarté de la prunelle et ajoute à un beau visage féminin la passion mystérieuse de la prêtresse.

Ainsi, si je suis bien compris, la peinture du visage ne doit pas être employée dans le but vulgaire, inavouable, d'imiter la belle nature et de rivaliser avec la jeunesse. On a d'ailleurs observé que l'artifice n'embellissait pas la laideur et ne pouvait servir que la beauté. Qui oserait assigner à l'art la fonction stérile d'imiter la nature ? Le maquillage n'a pas à se cacher, à éviter de se laisser deviner ; il peut, au contraire, s'étaler, sinon avec affectation, au moins avec une espèce de candeur. »

Frank Alamo, avec Baudelaire, n'est pas contre le fait de souligner au crayon noir de jolis yeux et de s'imaginer, biche oh ma biche, que ce sont deux papillons bleus. Mais il n'est pas, à l'inverse de l'auteur des *Fleurs du mal*, définitivement ennemi du naturel et il le dit clairement à la fin de la chanson :

« Laisse tes yeux sans rien autour
Pour moi, ma biche, quoi que tu leur fasses
Tes yeux sont les yeux de l'amour. »

Il y a aussi l'inoubliable « Allo maillot 38-37 ». Une chanson prophétique de la surveillance planétaire généralisée, une lecture anticipatrice de la société orwellienne du smartphone. On croit que Winston peut aimer Julia alors que leur histoire est sous contrôle de Big Brother, depuis le début. On exagère ? Si peu. Écoutez plutôt…

> « J'ai votre numéro qui chante dans ma tête
> Je viens de me le procurer
> Par quel moyen ? C'est un secret ! »

Frank Alamo ne s'appelait pas Frank Alamo, évidemment. Comme Johnny, Eddy et Dick ne s'appelaient pas Johnny, Eddy et Dick. Je ne sais pas si Frank Alamo s'est rendu compte qu'il prenait pour pseudo un nom de défaite héroïque mais de défaite tout de même. On dit qu'il avait adoré le film homonyme de et avec John Wayne.

Frank Alamo est mort à soixante et onze ans d'une sclérose latérale amyotrophique qui est une maladie absolument épouvantable. Pour ceux qui voudraient des renseignements, se reporter au *Journal* de Matthieu Galey, mort de cette saloperie en 1986. Le journal est caviardé et Grasset ne se presse pas de le rééditer mais c'est une autre histoire.

Frank Alamo, lui, a perdu héroïquement comme les défenseurs texans sur leurs remparts en ruines et moi, ce soir, je ne peux que chanter devant le vieux Teppaz avunculaire :

> « On a eu tort de vouloir nous séparer
> On a eu tort aujourd'hui je peux bien l'avouer
> Tout comme un enfant perdu
> Je vais seul au long des rues. »

Larry Hagman † 23 novembre 2012

DALLAS, HÉLAS.

L arry Hagman est mort à quatre-vingt-un ans des suites d'un cancer. C'était J.R., le méchant de Dallas. La série qui s'imposa planétairement de la fin des années 1970 aux années 1980 racontait les Atrides au Texas, avec ranchs et puits de pétrole à la place des palais mycéniens. Je me souviens que ça passait les samedis soirs sur la première chaîne et que finalement de vrais archétypes s'inscrivaient alors dans un imaginaire désormais mondialisé : le gentil frère, l'avocat revanchard, la femme alcoolique mondaine.

Ah Sue Ellen, qui est la première comparaison qui nous vient encore à l'esprit quand on voit, un peu pompette dans un cocktail, une quadra élégante et désespérée, ce qui est un pléonasme dans la France de 2012 où le féminisme a beaucoup œuvré pour la généralisation du célibat. Moi j'aimais bien, chez les femmes de Dallas, celle de Bobby, Victoria Principal avec sa frange et puis aussi, les jours de régression mammaire, ce petit boudin blond de Lucy avec ses gros seins et son regard un peu bovin.

J.R., lui, c'était le salaud qu'on adorait détester. Il faisait des trucs abjects pour garder le contrôle de l'entreprise familiale. Ce qui est amusant, c'est que cet ignoble capitaliste, aujourd'hui, apparaîtrait presque comme un humaniste. Il ne voulait pas se soumettre aux actionnaires, il ne voulait pas laisser l'entreprise paternelle aux mains des mous du genou de sa famille, il se battait pour l'économie réelle et il avait un beau Stetson, ce qui finalement était son seul point commun avec George W. Bush, faux Texan, pétrolier incompétent et président fils à papa.

Oui, J.R., aujourd'hui, c'est le genre de gars qui intriguerait pour refuser d'appliquer le plan de compétitivité de Louis Gallois ou les directives européennes sur la concurrence. Parce que ce qui l'intéressait d'abord, J.R., c'était de voir jaillir l'or noir de ses puits de pétrole et en tirer assez de pognon pour faire vivre la communauté. Je ne dis pas que J.R. était un champion de la redistribution mais aujourd'hui, il serait plus proche de Chávez que de Mitt Romney et, question protectionnisme et redressement industriel, de Montebourg ou Mélenchon que de Ron Paul ou Mario Draghi.

Vous me direz, c'est bien normal, puisque Chávez, tout le monde sait qu'il est très méchant aussi. Mais bon, comme pour beaucoup de choses, le capitalisme façon J.R. n'est plus qu'un souvenir du monde d'avant. Pour vous en convaincre, pensez donc à visionner les 357 épisodes de Dallas. Oui, 357, comme le revolver Magnum du même nom.

Ça explique aussi bien ce qui s'est passé que *Le Nouvel Esprit du capitalisme* de Luc Boltanski et Eve Chiapello. C'est un livre remarquable dont le seul défaut est qu'il n'y a aucune illustration représentant des filles blondes et rondes comme Lucy sous la douche qui sont espionnées par un homme en Stetson au sourire sardonique.

Oscar Niemeyer † 5 décembre 2012

RENDEZ-VOUS À BRASILIA.

O scar Niemeyer est mort à cent quatre ans. Le communisme conserve, apparemment. Ce désir qu'on a, chevillé au corps, de ne pas mourir avant d'avoir vu une société où le libre développement de chacun sera la condition du libre développement de tous. Et je suis un instant rassuré pour mes vieux camarades FTP, Guy, Pierre et Michel qui sont des jeunots toujours présents aux commémorations ou aux réunions de cellule.

Oscar Niemeyer est mort à cent quatre ans. Ce qui dément l'idée poujado-prudhommesque que le goût pour les révolutions, l'égalité et les mondes meilleurs, ça passe en vieillissant. Ça ne passe jamais parce que pour Niemeyer, il n'y avait nulle réconciliation possible avec ce monde-là sauf par la beauté et l'égalité, ces deux passions qui ne sont contradictoires que pour ceux qui veulent être heureux tout seuls.

Oscar Niemeyer a construit le siège du PCF, place du Colonel-Fabien, alors qu'il avait fui en 1964 la dictature militaire au Brésil et s'était réfugié en France. C'était la France de De Gaulle. Comme quoi, il y a militaire et militaire. À se demander si ce n'était pas plus facile de trouver l'asile politique dans la France du Général que dans celle de Manuel Valls. Il faut dire qu'à l'époque c'était Malraux qui était ministre de la Culture et qui lui a obtenu le décret pour travailler en France. Autre temps, autres mœurs.

Oscar Niemeyer a conçu le siège du PCF comme un drapeau déployé au vent. Avec la coupole comme un ventre de femme. Je me demande ce qu'il a pensé, Oscar, quand Robert Hue a loué l'endroit pour y faire un défilé Prada. Peut-être que ça l'a rendu triste. Peut-être que ça l'a amusé. Le Brésil et les jolies filles, ça va ensemble. Et puis on ne voit pas pourquoi le marxisme serait incompatible avec la lingerie, au contraire. Si ça se trouve, ce soir-là, deux ou trois mannequins ont pris leur carte au PCF et sont en train d'infiltrer, depuis, les milieux de la haute couture. « Jeunes femmes rouges toujours plus belles », disait un slogan de 1968. Comme ça, le jour du grand soir, ce sera robe cocktail et smoking sur les barricades.

Oscar Niemeyer a participé, au milieu de la savane du Cerrado, à la construction de la capitale de son propre pays, Brasilia. Ex nihilo. Il y aura tout de même eu, dans ce vingtième siècle sinistre, quelques utopies concrètes, quelques exemples de prométhéisme heureux. Même Sylvia Plath, notre petite sœur américaine, aux yeux mangés par la nuit et la dépression, quelques mois avant son suicide, a écrit un poème sur Brasilia comme si cette ville représentait une ultime chance de salut :

« Surgiront-ils,
Thorax d'acier, coude ailé, œil
Béant au vide
Où l'afflux des nuages
Pourrait leur prêter expression
Ces surhommes ! »

Oscar Niemeyer disait : « Apprenez à connaître la vie, la souffrance, la misère des hommes, lorsque vous aurez appris cela peut-être que vous commencerez à faire de la belle architecture. » On dirait que la leçon a été très moyennement retenue puisque désormais, quand on se promène dans les quartiers d'affaires que l'on trouve dans toutes les villes françaises et qui sont calqués sur ceux de la Défense, on a l'impression d'être nulle part. D'ailleurs, on n'est nulle part. On n'est nulle part partout dans une planète unifiée par la marchandise.

Dans la courbe d'une colline, Oscar Niemeyer voyait une courbe de femme allongée sur le côté. Et dans la courbe de la femme, celle d'une architecture. Ce n'est pas le verbe qui se fait chair avec Niemeyer, c'est le béton. Miracle de la sensualité, épiphanie du désir.

Oscar Niemeyer a fait partie des architectes du siège des Nations unies à New York. De Gaulle appelait l'ONU « le machin ». Il n'empêche, après l'utopie concrète de Brasilia, l'internationalisme concret. Les Nations unies auront au moins inventé un bel oxymore, « soldats de la paix ». Et puis finalement, l'ONU, c'est comme le communisme. Ce n'est pas parce que ça n'a pas encore fonctionné que l'idée est mauvaise.

Oscar Niemeyer, s'il avait été architecte dans les

pays de l'Est, la face du monde en eût peut-être été changée. C'est la même histoire que la taille du nez de Cléopâtre chez Pascal. Une belle idée dans des vilains bâtiments, c'est fichu d'avance.

Oscar Niemeyer racontait : « Je me souviens de ce moment où, la construction du siège du PCF terminée, Thorez, le secrétaire du Parti, m'a demandé : "Oscar, j'ai une vieille table qui m'a accompagné toute ma vie. Est-ce que je peux la mettre dans mon bureau ?" Comme architecte, je n'avais jamais entendu une preuve de respect du travail d'autrui aussi délicate et juste. » C'était en 2007, dans une interview à *L'Huma*. Pas un communiste français n'aurait osé citer Thorez comme ça, en 2007. En public, en tout cas.

Oscar Niemeyer était un communiste qui a construit de magnifiques églises : la cathédrale de Brasilia, l'église de la Pampulha à Belo Horizonte. Rien n'est simple mais tout est clair, en fait.

Oscar Niemeyer avait un atelier qui donnait sur la plage de Copacabana avec ses jolies filles qui jouent au beach-volley. On peut penser que son fantôme y dessine toujours leurs courbes en attendant, enfin, l'avènement d'un communisme poétique, sexy et balnéaire.

Norman Woodland † 9 décembre 2012

POURQUOI JE PRÉFÈRE
NORMAN ROCKWELL.

Il y a comme ça des noms qu'on ne connaissait pas et qui pourtant sont parmi les principaux artisans du cauchemar (mal) climatisé dans lequel nous vivons de manière de plus en plus manifeste et qui donne des envies d'aller se réfugier à Tarnac pour attendre l'insurrection.

Norman Woodland est mort, il avait quatre-vingt-onze ans et il était à l'origine d'une des inventions les plus inquiétantes de l'après-guerre, loin devant le collant pour femmes, les caméras de surveillance et le vin en Tetra Pack. Norman Woodland a en effet inventé le code-barres quand il était enseignant au DIT (Drexel Institute of Technology) de Philadelphie. Il a été aidé par un autre malfaiteur de l'humanité, Bernard Silver, qui avait surpris la conversation d'un gérant de supermarché avec le doyen du DIT.

Le gérant aurait voulu qu'on entreprenne des recherches pour capter automatiquement les informations des produits qu'il vendait. Le doyen, qui devait être du monde d'avant, a refusé. On commence avec les produits, on continue avec les animaux et on finit avec les humains, au nom de la sacro-sainte traçabilité. Mais Silver en a parlé à Woodland et les deux se sont mis au travail avec succès, leur technologie étant au point dès les années 1970.

Ils n'avaient pas trente ans et on était en 1947 quand ils ont commencé, comme tous les loups ravis du progrès, à œuvrer pour un monde plus pratique, plus rationnel, plus sympa. Orwell était pourtant sur le point de publier *1984* et Günther Anders, réfugié aux USA, découvrait effaré dans les salons d'arts ménagers californiens « l'obsolescence de l'homme » et sa « honte prométhéenne » devant des inventions qui le dépassaient.

Le code-barres est l'illustration même du cauchemar totalitaire à la mode capitaliste, la bonne conscience en plus. Plus besoin de miradors et de polices politiques quand il suffit de passer un code-barres devant un rayon laser pour avoir le prix d'un produit ou sur les bracelets des patients dans les hôpitaux pour les classer un peu plus vite.

On ne peut s'empêcher de penser à l'Apocalypse selon saint Jean quand on voit ces petites barres noires et ces suites de chiffres sur à peu près tout ce qu'on consomme et même, ô sacrilège, sur les livres : « Il lui fut donné d'animer l'image de la Bête, de sorte qu'elle ait même la parole et fasse mettre à mort quiconque n'adorerait pas l'image de la Bête. À tous, petits et grands, riches et pauvres, hommes libres et esclaves, elle impose une marque sur la main droite ou sur le front. Et nul ne pourra acheter ou vendre, s'il ne porte la marque, le nom de la Bête ou le chiffre de son nom. »

En même temps, Woodland disparaît au moment où sa technologie de surveillance et de domestication de l'être humain est remplacée par une autre, infiniment plus inquiétante : celle des puces à radiofréquences (RFID). Grâce à elles, le contenu d'un poids lourd peut-être contrôlé en une seconde et sans ouvrir la moindre caisse.

Et quand on vous la greffera sous la peau à la naissance, *pour votre bien*, vous serez enfin définitivement libre et protégé puisqu'on ne vous perdra jamais plus de vue.

Louis Aragon † 24 décembre 2012
(trente ans de sa mort)

LOUIS N'EST PAS MORT, IL Y A TRENTE ANS.

Le 24 décembre 1982, Louis Aragon mourait à Paris, à son domicile de la rue de Varenne, un peu après minuit. L'hommage fut national, ou presque. Le Parti communiste accrocha sa photo, accompagnée d'un drapeau tricolore, à l'entrée de l'immeuble de la place du Colonel-Fabien. Les journaux y allèrent de leurs abondantes nécrologies, parfois surprenantes. *Le Figaro* le couvrait ainsi d'éloges tandis que *Libération* n'hésitait pas à railler la vieille folle stalinienne. Finalement, Aragon était un écrivain aimé par la droite (François Nourissier, Jean d'Ormesson), vénéré par les communistes, qui enterraient avec lui leur place prépondérante dans le monde intellectuel, et moqué par les gauchistes. Il faut dire qu'en 1982, mai 1968 n'était pas si loin, qui avait vu l'amoureux d'Elsa tenter de parler aux étudiants et se faire rabrouer par Cohn-Bendit.

Paradoxe ? Front renversé ? Les choses sont évidemment plus compliquées. C'est que la vie d'Aragon, elle-même, fut un paradoxe. Imaginez plutôt : vous naissez en 1897, et vous êtes le bâtard d'un ambassadeur de France qui a fait un enfant à une employée du Bon Marché. Aussitôt, pour reprendre un de ses titres, c'est un dispositif de mentir-vrai qui se met en place autour de votre personne. Votre grand-mère sera votre mère adoptive, votre mère sera votre grande sœur et votre père votre parrain.

Il n'est pas étonnant que le masque devienne le motif majeur de la vie et de l'œuvre d'Aragon. Ce masque, par exemple, de la noyée de la Seine, représentant une belle et jeune suicidée. Il fascina les surréalistes dont Aragon fut un membre fondateur, et cette fascination est au cœur du plus beau roman d'amour d'Aragon, *Aurélien*.

Aragon, maître des masques : jamais un écrivain n'aura tenté à ce point de s'expliquer, de se commenter, de se préfacer, de revenir sur ses livres en les complétant par des préfaces, des avant-dires, des après-lires, des autocitations. Pour nous aider ? Bien sûr que non. Un écrivain est d'abord là pour brouiller les cartes.

Il faut le comprendre, Aragon : une vie si longue à s'exposer, à se dire, à dire le monde. Et ce, durant presque un siècle, autrement dit deux guerres mondiales, le communisme, le nazisme, la Résistance, la Guerre froide. Mais aussi Dada, les surréalistes, le suicide, l'amour fou, l'engagement, la poésie, le journalisme, la critique d'art et, bien sûr, le roman. Faire le roman du « monde réel » mais aussi le roman du roman, de la réinvention du roman notamment avec *Blanche ou l'Oubli* et *La Mise à mort*, textes dont on n'a pas encore mesuré l'importance capitale dans notre histoire littéraire par leur innovation formelle qui, jamais, n'empêche la beauté du chant.

D'une certaine manière, Aragon aura, avec ce goût du masque et des miroirs, du miroir comme masque et du masque comme miroir, presque trop bien réussi son coup. Il est ainsi l'un des premiers à se créer un personnage que l'on qualifierait aujourd'hui de « médiatique », et ce dès les années 1920, avec le groupe surréaliste. Encore aujourd'hui, on connaît davantage les scandales que provoquaient ces jeunes gens que leur apport décisif à la grande révolution de l'imaginaire occidental.

« Avez-vous déjà giflé un mort ? », écrit par exemple Aragon, en 1924, à la disparition d'Anatole France, gloire nationale et progressiste. Il sera plus modéré, malgré tout, quand il s'agira de juger Maurice Barrès, en 1921. Le groupe Dada avait pris l'habitude de ces procès fictifs où l'on jugeait les grands noms contemporains. Aragon surprendra ses camarades et se montrera d'une étonnante indulgence pour celui que l'on qualifiait de « rossignol des charniers » après la guerre de 1914-1918, Aragon se faisant l'avocat d'un Barrès « anarchiste » avant tout, pratiquant le « culte du moi ».

Il faut s'y faire. Les poèmes d'Aragon auront beau être fredonnés par Ferrat et Ferré, on aura beau voir les photos d'Aragon siégeant au comité central du Parti ou celles d'un reportage très people de *Elle*, en 1965, le montrant vivant l'amour parfait avec Elsa dans leur splendide maison du moulin de Villeneuve, Aragon est ailleurs, toujours ailleurs.

Aragon, c'est la confusion des genres. C'est rêver une œuvre totale qui soit à la fois poème, théâtre, histoire, roman et encore autre chose. C'est rêver à l'impossible unité des êtres dans l'amour – « Il n'y a pas d'amour heureux » –, c'est vouloir être à la fois homme et femme, comme dans *Le Banquet* de Platon, ou comme le devin Tirésias. L'homosexualité d'Aragon, qui fait encore débat aujourd'hui, n'est pas simplement une pulsion trop longtemps retenue qui se libère à la mort d'Elsa : elle est la permanence d'un moi qui ne doit cesser de s'enchevêtrer et de se contredire pour exister.

Vous pouvez prendre l'Aragon que vous vous voulez, pour l'aimer ou le détester, ce ne sera jamais Aragon si vous n'acceptez pas tout, en bloc.

Oui, c'est le même homme, décoré deux fois de la Croix de guerre, en 1918 et en 1940, qui écrit à la fin du *Traité du style*, en 1928 : « Je conchie l'armée française dans sa totalité. » C'est le même homme, encore, qui adhère au Parti communiste, chantera une ode au Guépéou en 1931 – « Vive le Guépéou contre le pape et les poux ! » – mais qui parlera de « Biafra de l'esprit » lors de l'intervention soviétique contre le Printemps de Prague, en 1968, et qui rédigera la première préface à l'édition française de *La Plaisanterie* de Kundera. C'est le même homme, toujours, qui exploite magistralement la libération poétique du surréalisme mais qui saura aussi retrouver la vieille métrique française pendant la Résistance et au lendemain de la guerre :

« Je vous salue, ma France aux yeux de tourterelle,
Jamais trop mon tourment, mon amour jamais trop.
Ma France, mon ancienne et nouvelle querelle,
Sol semé de héros, ciel plein de passereaux… »

Non, Aragon n'est pas mort il y a trente ans, car on ne meurt que lorsqu'on coïncide parfaitement avec soi-même. Et ce ne fut jamais le cas pour Aragon, que ce soit en art, en amour ou en politique, qui sont une seule et même chose, comme on ne cesse de l'apprendre avec lui.

Spider-Man † 27 décembre 2012

UN ÊTRE BIEN SINGULIER.

Nous avons eu de nombreux deuils en cette année 2012 : les disparitions de Chris Marker, de Félicien Marceau ou de Thierry Roland, entre autres et dans des genres de beauté assez différents. Sans compter d'autres disparitions tout aussi douloureuses : mort de l'idée que les socialistes soient de gauche ou que les super-riches aient encore l'envie d'appartenir à une Nation et non à une hyperclasse hors-sol.

Il convient d'y ajouter l'annonce d'une nouvelle perte, et non des moindres. Spider-Man ne viendra plus enchanter la triste sexualité de l'ado mâle dans sa peau. Dans le sept centième numéro du comics qui porte son nom, paru mercredi dernier, Spider-Man perd son ultime combat contre le docteur Octopus, son ennemi de toujours. Spider-Man, alias Peter Parker, malheureux en amour, était en activité depuis 1962 et avait toujours vingt ans, incarnant une manière de Tanguy américain avec un goût suspect pour le travestissement.

Nous l'avions pour notre part découvert à la fois en lisant *Strange* dans les années 1970 et en regardant un dessin animé dont le générique était énervant car à peine quelques notes entendues, il vous restait toute la journée dans la tête : « L'Araignée, l'Araignée, est un être bien singulier... ». Il nous agaçait un peu, à vrai dire, faisant preuve d'une niaiserie sentimentale assez proche de celle du Surfer d'argent. D'ailleurs les garçons qui étaient fans de l'Araignée et du Surfer d'argent étaient plutôt immatures en général. Souvenez-vous, par exemple, que dans *À bout de souffle made in USA*, l'excellent remake de Godard par Jim McBride, alors que la fille jouée par Valérie Kaprisky lit Faulkner (qui n'est pas un super-héros), son amoureux, petit truand traqué par la police, incarné par Richard Gere, ne lit que *Le Surfer d'argent* et se voit comme une âme pure exilée dans le cosmos : on voit le niveau.

Alors que nous, nous préférions des super-héros sérieux comme Iron Man, un milliardaire de l'armement, probable électeur de Barry Goldwater, un prométhéen qui en avait et qui s'était transformé en surhomme avec une armure high-tech à réacteurs pour casser du Rouge.

On avait aussi une très vive sympathie pour Daredevil, aveugle, avocat pour les pauvres qui malgré son handicap enfilait son collant rouge et se débrouillait mieux que les voyants pour punir les méchants. En plus Daredevil avait une manière de relation amoureuse à la limite du SM avec Natasha Romanoff, la Veuve noire, une espionne soviétique moulée dans une combinaison anthracite qui lui faisait des seins inoubliables, vraiment inoubliables.

Oui, chaque adolescent aimait voir sa faiblesse transformée en force au travers des super-héros. Par exemple, moi j'étais très myope et j'avais des relations compliquées avec les filles à gros seins, même communistes, même brunes. Daredevil était donc devenu logiquement mon super-héros d'élection.

C'est pour cela que je ne voudrais pas faire de peine aux fans de Spider-Man mais le problème de Peter Parker s'explique de façon très claire : c'est un éjaculateur précoce comme le montre très bien l'adaptation cinématographique par Sam Raimi, où le personnage joué par Tobey Maguire a un mal fou, une fois qu'il a été piqué par l'araignée radioactive, à contrôler la sécrétion blanchâtre de la toile qui lui sort des… poignets, poignets dont on connaît par ailleurs le rôle primordial dans la masturbation. Vous vous étonnerez après que sa vie sentimentale fasse passer celle de Woody Allen pour une promenade de santé donjuanesque.

En même temps, on sait bien ce qui se passe quand on tue un super-héros, même aussi défaillant sexuellement que Peter Parker. Les fans hurlent à la trahison. C'est ainsi que Conan Doyle, après avoir tué Sherlock Holmes dans *Le Dernier problème*, fut obligé de le ressusciter, la colère des accros du détective étant allée, pour certains d'entre eux, jusqu'à envoyer des lettres de menace à l'auteur. Et pourtant, il en avait assez de son encombrant héros cryptohomo et cocaïnomane.

Alors que tous les garçons à la sexualité inquiète se rassurent. L'Araignée va revenir, un jour ou l'autre.

Djamal Chaar † 13 février 2013

PENSER GLOBAL, S'IMMOLER LOCAL.

Les sociétés réagissent comme des êtres humains et les êtres humains comme des sociétés, selon la vieille théorie du macrocosme et du microcosme qui a séduit aussi bien les présocratiques qu'Aristote et la philosophie humaniste de la Renaissance. Chaque homme est univers en miniature, chaque corps reproduit en lui l'harmonie des sphères et le cas échéant en reproduit aussi les désordres, les catastrophes cosmiques.

C'est pour cela que Djamal Chaar, quarante-trois ans, a fait s'écrouler l'univers en se suicidant mercredi 13 février devant une agence Pôle emploi de Nantes.

On va s'en rendre compte. Pas tout de suite mais on va s'en rendre compte. Il l'a fait de la manière la plus définitive, la plus atroce et la plus spectaculaire : en s'immolant par le feu. Dans la mémoire collective, cette façon de se suicider renvoie aux images les plus fortes de la mort volontaire au vingtième siècle, comme unique moyen de dire au monde qu'il s'écroule et qu'il faut témoigner quitte à en mourir : celle des bonzes s'opposant au gouvernement proaméricain du Sud-Vietnam ou à l'occupation chinoise au Tibet. Ou encore celle de Jan Palach au moment de l'invasion soviétique en 1968. Plus proche de nous, on sait que c'est l'immolation par le feu d'un vendeur ambulant qui a déclenché la révolution tunisienne.

Djamal Chaar s'est suicidé parce qu'il était chômeur en fin de droits mais son acte nous renvoie à une société française qui est elle-même tout entière en fin de droits : les plans sociaux qui se succèdent, les menaces de plus en plus fortes que fait peser sur le mode de vie des plus fragiles l'adaptation à marche forcée aux critères inhumains de l'économie mondialisée, la fin programmée d'un pacte social qui pouvait faire espérer une vie digne à tous, sont un changement de civilisation. Et celle qui vient n'aura pas le visage aimable de l'harmonie relative que le modèle français avait instauré depuis le Conseil national de la Résistance, quand les dirigeants issus de la Résistance, gaullistes ou communistes, avaient décidé que la France ne pourrait se reconstruire que dans la justice sociale et appelaient leur programme « Les Jours heureux ».

On trouvera sans doute des explications au geste de Djamal Chaar, on en trouve déjà. Cela rassure, les explications, quand bien même Djamal Chaar a bien pris soin de motiver son geste. Mais on préférerait ne pas savoir, ne pas avoir à affronter ce qu'il nous a dit. On prétendra que Djamal Chaar avait des problèmes personnels. C'est à peu près aussi indigne que de dire que Jan Palach se serait immolé devant les chars russes parce qu'il avait un chagrin d'amour. On accusera Pôle emploi, en oubliant que Pôle emploi, pour ses employés soumis comme les autres à la Révision générale des politiques publiques, est un lieu où le travail est devenu une souffrance aux noms de critères de rentabilité et que, par la force des choses, il ne reste plus que quelques minutes à consacrer à des dossiers chaque jour plus nombreux et plus compliqués.

Il est beaucoup question de la violence dans la société française, d'une délinquance endémique, d'un choc des civilisations qui se profile dans nos banlieues, d'effrayants syndicalistes chez PSA qui décident de ne pas se laisser faire et qui se retrouvent traînés devant la justice. Et Manuel Valls – dont on rappelle qu'il est ministre de l'Intérieur socialiste – retrouve un discours qui n'est pas sans rappeler celui qui assimilait dès le XIXe siècle les classes laborieuses aux classes dangereuses : « Oui, il y a du désespoir depuis des années, souvent dans des bassins d'emploi qui ont déjà été en difficulté. Mais, comme ministre de l'Intérieur, je me dois d'assurer l'ordre. Il ne s'agit pas de criminaliser les syndicalistes. Le droit de manifester, de faire grève, le droit d'expression sont constitutionnels, j'y suis profondément attaché, mais le désordre n'est pas une bonne chose. » Monsieur est trop bon.

Il nous semble pourtant que le désordre n'est pas là. Le désordre est dans le fait que Djamal Chaar, et il y en a eu d'autres avant lui, ne trouve plus comme unique porte de sortie que de brûler vif. On comprend que ce geste nous renvoie à une vision bien gênante de la France de 2013. Il serait tellement plus confortable de penser que tous nos malheurs viennent du « fascisme islamique », toujours selon les mots de Manuel Valls, ou d'une France devenue la proie d'une jeunesse sans repères qui pille et qui viole, faisant régner la terreur. Non, ce qui fait régner la terreur, aujourd'hui, ce sont des politiques économiques qui ont accepté que la compétitivité, par exemple, puisse se faire avec comme unique levier des salaires toujours plus bas, du chantage à l'emploi, une précarité accrue. D'ailleurs, les sondages le disent jour après jour, malgré les gesticulations médiatiques : la première préoccupation des Français n'est pas l'insécurité, ni la panique identitaire, ni le mariage gay, mais la peur de perdre son boulot, et la dignité qui va avec.

Djamal Chaar est mort. Il a retourné cette violence contre lui. D'autres décideront peut-être qu'il vaudra mieux brûler les banques ou les usines. Quoi qu'en pense le ministre de l'Intérieur ou le Medef, il faudra avoir le courage de les regarder dans les yeux pour leur donner tort.

Parce qu'avec Djamal Chaar, ce n'est plus possible. Il n'a plus d'yeux.

Hugo Chávez † 5 mars 2013

À DEMAIN, *COMMANDANTE* !

Je ne suis pas très en forme : en 2008, quand j'avais fait paraître mon roman *La Minute prescrite pour l'assaut*, qui racontait une fin du monde possible, je l'avais dédié à Hugo Chávez et Amy Winehouse. On ne dédie pas ses romans à n'importe qui. Si Chávez et Amy m'ont servi de figures tutélaires en ces années 2000 où la cruauté du talon de fer financier se faisait sentir comme jamais, c'était parce qu'il me semblait que chacun à leur manière participait d'un temps où il fallait savoir désespérer jusqu'au bout (Amy Winehouse, la princesse du négatif) pour mieux pouvoir rebondir dans l'action historique et le refus de la fatalité (Hugo Chávez, le bolivarien).

Amy est morte d'overdose à l'été 2011. Et aujourd'hui, c'est Chávez qui s'en va. Si l'on sait, depuis Aragon, que la mort n'éblouit pas les yeux des partisans, elle brouille les yeux de ceux pour qui cette mort est un deuil à la fois collectif et personnel comme la chute de Constantinople pour la princesse Bibesco.

Chávez était systématiquement présenté comme un dictateur. Sauf quand il gagnait les élections, parce qu'il y avait souvent des élections au Venezuela, beaucoup même, pour une dictature. Quatorze scrutins en treize ans dont quatre élections présidentielles. Hugo Chávez venait d'ailleurs de gagner la dernière en 2012. Précisons que toutes les élections au Venezuela ont été surveillées par des batteries d'observateurs internationaux et que la seule que Chávez a perdue d'un rien était un référendum sur la constitution. Et, chose étrange pour nous Français, bien que ce résultat ne lui plût pas, il ne refit pas passer sa réforme constitutionnelle en catimini devant le parlement comme n'importe quel Nicolas Sarkozy.

J'ai toujours aimé les militaires d'extrême gauche. C'est déroutant pour le sens commun, comme un oxymore de Cioran ou une métaphore de Morand. Un militaire, normalement, ça ne fait pas de révolution, ça les empêche. Pas besoin de remonter aux généraux Franco et Pinochet pour se le rappeler. Il y a pourtant des exceptions, notamment dans les pays où l'armée, pour un enfant pauvre, est la seule solution pour faire des études et connaître une ascension sociale. On a vu ça en Europe, naguère. Le 25 avril 1974, ce furent de jeunes capitaines nourris à Marx et à Stendhal qui renversèrent la plus vieille dictature de droite en Europe, le Portugal salazariste de Caetano, usé dans des guerres de décolonisation au Mozambique, en Angola et en Guinée. Pour le Venezuela, c'était la même chose. C'est pourquoi Chávez, issu d'une famille pauvre, choisit l'armée et tenta un putsch en 1992 avec les mêmes idées qu'il vient d'emporter dans l'au-delà. Il rata son affaire, fit deux ans de prison et reprit le combat, démocratiquement, cette fois.

On oublie la situation dans laquelle Chávez arrive au pouvoir, en 1998. L'Amérique latine crevait sous le poids de la dette et le consensus de Washington. Cette troïka composée du FMI, de la Banque mondiale et du Trésor américain, forçait depuis dix ans les gouvernements à appliquer des mesures types directement inspirées de la pensée ultralibérale de l'École de Chicago. Le résultat était que des pays potentiellement riches se retrouvaient peuplés de pauvres. On voit des paradoxes de ce genre-ci en Europe, bien que la doxa nous dise que comparaison n'est pas raison. Or, c'est pourtant la même chose : comment peut-on rationnellement expliquer que des pays riches soient pauvres et, en prenant par exemple le Venezuela d'avant Chávez, que le onzième pays producteur de pétrole au monde ait été analphabète et ait littéralement crevé de faim ?

Me revient, tout à coup, en pensant à Chávez, cette phrase de Dom Helder Camara, l'un des fondateurs de la théologie de la libération : « Quand je donne à manger aux pauvres, on dit que je suis un saint ; quand je demande pourquoi ils sont pauvres, on me traite de communiste. » Car Chávez avait autant besoin de Marx que du Christ, de Bolivar que de Cervantes, pour mener sa révolution qui passait d'abord par les urnes. En juillet 2006, j'étais au Festival international de la semaine noire de Gijón, en Espagne. Il y avait notamment tout le gratin des auteurs latino-américains de romans noirs. J'appris ainsi par Paco Ignacio Taibo II, organisateur et grand écrivain mexicain, que Chávez venait de faire distribuer par camions entiers des exemplaires de *Don Quichotte* dans les quartiers pauvres, ceux où se développaient les programmes éducatifs et sanitaires qui ont amélioré, c'est le moins qu'on puisse dire, la vie des Vénézuéliens. On objectera que tout ça, c'est grâce au pétrole. Sans doute, surement même. Et alors ? Il y a pas mal de pays qui ont beaucoup de pétrole et qui vivent toujours dans une misère effrayante. Demandez aux Nigérians, par exemple, chez qui les compagnies pétrolières se gavent, s'ils n'aimeraient pas voir apparaître un Chávez africain ?

D'autres encore soulignent son népotisme, son clientélisme, la corruption qui régnerait. Je ne suis pas sûr que les pauvres soient une clientèle. Plutôt une exigence. Que certaines élites se soient sucrées au passage n'a manifestement pas empêché l'amélioration globale du niveau de vie. Et puis il n'y a pas d'amour, seulement des preuves d'amour. Si cette corruption avait été insupportable, les Vénézuéliens auraient dit « *basta* » dans les urnes. Ils ne l'ont pas fait et au contraire en 2002, alors que Chávez était victime d'un putsch mené par le patron des patrons, le peuple l'a ramené au palais présidentiel en moins de 24 heures.

Je laisse à d'autres le soin de détailler le bilan. Le soutien aux dictatures syrienne, libyenne et iranienne ne m'enchante pas. La logique anti-impérialiste n'excuse pas tout. À peine pourra-t-on remarquer que certains de ces tyrans ont été reçus chez nous. Mais chez nous, ça s'appelle de la *realpolitik*. Nuance.

Ce que je sais, c'est qu'il ne devait pas faire peur à ses voisins. L'expérience de Chávez s'est exportée en Bolivie, en Équateur, en Argentine, au Nicaragua. C'est sans doute ce qu'on ne lui pardonne pas. Même au Brésil, souvent présenté comme un exemple de « deuxième gauche » par rapport à l'expérience bolivarienne. La présidente Dilma Rousseff qui a succédé à Lula vient de lui rendre hommage en disant que sans lui rien n'aurait été possible.

On n'a jamais été très indulgent avec Chávez. Il vient de mourir en période de Carême après avoir voulu rentrer dans son pays pour quelques jours d'agonie. Il semble qu'il ait vraiment aimé son pays, qu'il ait vraiment voulu lui rendre sa fierté et en faire un modèle comme en témoigne sa prière – comment appeler ça autrement ? – prononcée publiquement l'année dernière, avant son ultime bataille électorale qui coïncidait avec son ultime bataille contre la maladie : « Je dis à Dieu, si ce qu'on a vécu n'a pas été suffisant, s'il me manquait cela, d'accord, mais donne-moi de la vie, fût-elle vie brûlante, vie douloureuse, peu m'importe. Christ, donne-moi ta couronne, donne-la moi, c'est moi qui saigne. Donne-moi ta croix, cent croix, je vais la porter. Mais donne-moi de la vie, car j'ai encore des choses à faire pour ce peuple et pour cette patrie. » Non, décidément, je ne regrette pas de lui avoir dédié un roman.

À demain, Chávez…

Clément Méric † 5 juin 2013

QUE LA TERRE TE SOIT LÉGÈRE !

Clément Méric est mort assassiné. Je pense qu'il est difficile de dire le contraire. Que ce soit le coup porté ou la chute qui a suivi, la différence sera l'affaire de la justice. En attendant, Clément est mort assassiné par un groupe de jeunes d'extrême droite et les protagonistes de cet assassinat ont été arrêtés. La police a fait vite. Elle aurait peut-être pu faire vite avant. C'est une autre histoire.

J'entends maintenant que si la gauche s'indigne, c'est un peu parce que c'est son métier, qu'elle est une professionnelle de la chose, qu'elle récupère. C'est étonnant tout de même. Il aurait fallu qu'elle fasse quoi, la gauche ? Qu'elle fasse comme si de rien n'était, comme si un jeune homme, étudiant à Sciences Po, syndicaliste à Sud, membre d'un groupe antifasciste très actif, n'avait pas reçu un coup-de-poing américain et n'était pas mort ?

Il aurait fallu que je fasse quoi, moi, par exemple ? Que je n'aille pas au rassemblement sur la Grand-Place de Lille, retrouver ma famille avec sa multitude d'organisations ? Comme dans toutes les familles, d'ailleurs, d'habitude, on ne s'entend pas avec tout le monde. Mais là, c'est un deuil. On est triste, malheureux, on se sent seul. On a besoin de se retrouver ensemble. Si c'est de la récupération, alors, j'ai récupéré ou je suis récupéré. Allez savoir.

Mais récupérer quoi ? La mort d'un jeune antifasciste ? Il paraît que le fascisme n'existe plus en France. Tant mieux mais comment on appelle des gens qui tuent un antifasciste parce qu'il est antifasciste ? Je suis désolé d'avoir à faire avec cette logique élémentaire mais, encore une fois, Clément Méric est mort.

À droite, après un instant de condamnation républicaine de cette horreur, on a tendance à vouloir renvoyer dos-à-dos l'extrême gauche et l'extrême droite. C'est un peu indécent. Mais j'y suis habitué. Les communistes y sont habitués. Il a été du dernier chic de nous comparer, du côté de l'UMP lors des dernières élections présidentielles, au Front national. Je passe sur la colère mélancolique des plus anciens, là aussi c'est une autre histoire, et qui remonte à loin. Alors pourquoi, se disent certains à droite, ne pas élargir le raisonnement aux extrêmes de chaque famille ?

Sauf que. Sauf que ce n'est pas la même chose. Je pourrais rappeler que l'extrême gauche, que ces groupes antifas, sont parfois violents mais que leur violence est beaucoup moins, mais alors beaucoup moins meurtrière. Demandez aux travailleurs immigrés dans les foyers Sonacotra, aux Marocains qui finissent dans la Seine parce qu'ils traînaient en marge d'un défilé où des crânes rasés font le service d'ordre, aux SDF qui dorment sur les bancs et ne se réveillent pas pour raison de rangers en pleine figure, aux homos dans les lieux de drague.

Mais bon, le plus important n'est pas là. Le plus important est qu'il y eut une époque où la droite, toute la droite ou presque estimait que l'extrême droite ne faisait pas partie de la famille, même de très loin. Je n'ai pas besoin de remonter aux calendes de la Ve République, quand les gaullistes savaient tout de même ce que représentait l'OAS et étaient engagés dans une lutte à mort avec elle. C'était bien un combat entre droite et extrême droite, non ? Mais là, je me rappelle tout simplement, et c'est plus récent, de l'époque où des hommes de droite affirmaient qu'ils préféraient perdre leur âme plutôt que de gagner les élections avec certaines alliances.

Alors devant ce renvoi dos-à-dos insupportable, je voudrais retrouver une droite bernanosienne. Bernanos, dans *Les Grands Cimetières sous la lune*, une fois qu'il eut constaté les horreurs commises par les franquistes pendant la guerre d'Espagne, n'a pas hésité à prendre le parti des républicains. Autant dire des antifas. Parce qu'il estimait, lui le monarchiste, lui le maurrassien, que ce n'était pas son camp, justement, ou que ce ne l'était plus.

On a l'impression, de manière diffuse, que l'on aurait préféré un Clément Méric militant à SOS racisme. D'abord, il ne serait pas mort. Et puis on aurait pu se moquer de sa bien-pensance de petit-bourgeois, de son bisounoursisme, de sa doxa gentillette. Mais voilà, Clément Méric s'était engagé de manière beaucoup plus radicale. Et il en est mort, répétons-le.

J'entends aussi que Manuel Valls s'apprêterait à dissoudre certains groupes d'extrême droite. Oui, pourquoi pas, mais il ne faudrait pas oublier qu'il pourra le faire en s'appuyant sur des lois qui datent du Front populaire et qui ne servent pas à grand-chose puisque ces groupes se reconstituent très vite, sous d'autres noms. Cherchez par exemple comment s'appelle aujourd'hui Unité radicale, dissoute après l'attentat contre Chirac.

Non, il faudrait que la mort de Clément Méric, pour le coup, serve à se demander pourquoi une autre jeunesse vire dans l'ultraviolence d'extrême droite. Mais je sais qu'en disant cela, je récupère.

Si vous voulez. Mais alors je récupère dans une immense tristesse.

Georges Descrières † 19 octobre 2013

GEORGES LUPIN ET ARSÈNE DESCRIÈRES.

Georges Descrières est mort. On va être honnête, pour moi et pour beaucoup d'autres, ça veut dire que c'est Arsène Lupin qui est mort, en fait. Au début des années 1970, le charme chic, décontracté, subtilement ironique de Descrières avait donné au héros de Maurice Leblanc une seconde jeunesse en le faisant découvrir aux plus jeunes. Plus encore que la chanson de Dutronc qui accrut le côté culte de la série, c'est pour moi le générique du début de chaque épisode qui agit comme une madeleine et reste associé aux dernières années heureuses de la France d'avant le choc pétrolier, comme les premiers Lupin témoignaient des instants ultimes de la Belle Époque avant le carnage de 1914.

Georges Descrières, jouant Arsène Lupin, pour le petit garçon que j'étais alors, eut une influence décisive et désastreuse sur mon rapport au luxe, aux femmes et à l'ordre social. Seul un surmoi familialo-marxiste m'empêcha de sombrer définitivement dans cet anarchisme de droite dandy et cocardier, sensuel et joyeux. Français, pour tout dire.

Je ne sais pas si je dois m'en réjouir.

Gérard de Villiers † 31 octobre 2013

SAS AU RSA ?

Malko sentit une sueur froide couler le long de son dos malgré la température plutôt clémente de ce 1er novembre. Et pour une fois, ce n'était pas parce qu'il était sur le point d'être émasculé par un terroriste barbu, exécuté d'une balle dans la tête par le tueur d'un cartel de la drogue ou encore qu'il était assis et attaché sur un nid de fourmis rouges quelque part en Asie du Sud-Est.

Non, c'était bien pire, pire que tout ce qu'il pouvait imaginer : il venait d'apprendre la mort de son créateur, Gérard de Villiers, à quatre-vingt-trois ans.

Malko retira la veste de son costume en alpaga, posa son pistolet extraplat sur la table de nuit. Il revenait juste de sa deux centième mission, *La Vengeance du Kremlin*, et il était épuisé. Il avait fallu se promener du Kremlin à Londres, en passant par Tel Aviv. On allait souligner comme d'habitude l'excellente documentation de Gérard, on allait dire qu'il était devenu un as de la géopolitique, mais c'était lui, Malko, qui devait affronter le danger face à un Poutine en pleine forme qui n'oubliait jamais de se venger. Poutine, d'après Gérard qui avait expliqué cela à *Causeur* l'été dernier, dans le dernier entretien qu'il avait donné à la presse, continuait la Guerre froide par d'autres moyens. Le grand jeu se jouait toujours entre les USA et la Russie. L'islamisme était venu compliquer l'affaire, bien entendu, mais on en revenait toujours à la vieille rivalité entre Washington et Moscou.

Depuis cinquante ans, depuis sa première mission, en 1965, à Istanbul, Malko, contrairement à Gérard, n'avait pas vieilli. Depuis cinquante ans, il avait la quarantaine et une énergie sexuelle débordante. Depuis cinquante ans, il avait parcouru tous les pays du globe, où il avait honoré de pulpeuses salopes. Il s'enfonçait entre leurs reins d'une seule poussée. Elles aimaient ça, s'empaler sur sa virilité érigée comme les valeurs du monde libre face à la subversion communiste. C'était l'avantage d'être un héros de la littérature populaire, ça. Comme Tintin ou Maigret. On ne prend pas une ride.

Malko se demanda s'il allait pouvoir continuer à bosser, maintenant que Gérard de Villiers, après l'avoir envoyé deux cents fois au front, avait rejoint le paradis des forçats de l'underwood. C'est qu'il n'avait pas terminé de réparer son château de Liezen en Autriche. Il faut dire qu'être prince, chevalier de Malte et grand voïvode de la voïvodine de Serbie, ça coûte. Et qu'allait devenir Alexandra, son éternelle fiancée ? Et Elko Krisantem, le majordome, un as de l'étranglement ottoman ? Ou Chris Jones et Milton Brabeck, les agents de la CIA qu'on lui envoyait en renfort et qui avaient à eux deux « la puissance de feu d'un petit porte-avion » ?

Et puis Malko n'était pas du genre à prendre sa retraite. Il voulait, comme son créateur, mourir en faisant ce qu'il aimait. Le côté Molière de Gérard de Villiers. Contrairement à Simenon qui s'était arrêté du jour au lendemain, Gérard de Villiers, G.D.V. pour les intimes, avait décidé d'écrire jusqu'à son dernier souffle, ce qu'il fit.

D'ailleurs Malko était un contractuel de la CIA, pas un fonctionnaire surmutualisé. Il avait la même vision libérale du monde que son créateur. L'équation libéralisme = liberté politique lui semblait aller de soi. Même si au Chili, en 1975, dans *L'Ordre règne à Santiago*, pour Malko (et Gérard, donc, comme il l'avait raconté à *Causeur*), les choses n'avaient plus été aussi claires, soudain.

Mais enfin, Malko espérait quand même que si quelqu'un reprenait la licence SAS, il n'allait pas se retrouver entre les mains d'un pisse-copie gauchiste du genre démocrate américain ou gaulliste français. Avec Gérard de Villiers, Malko avait pris l'habitude de voir le monde avec un prisme politique qui faisait passer les néocons pour des centristes et Tamerlan pour un humaniste un peu fiotte.

Et puis quoi qu'on en dise, il y avait un style chez Gérard de Villiers qui affectait de n'en avoir aucun. Justement parce qu'on sait depuis Barthes que le degré zéro de l'écriture est une écriture. Et ça, l'air de rien, ce n'était pas à la portée du premier venu et ça expliquait aussi une telle longévité et un tel succès.

Malko se releva, alla à la fenêtre.

La peur se dissipait un peu. Quoi qu'il arrive, il était devenu une légende, un mythe. Même si on ne devait plus lire de nouveaux récits de ses exploits, il aurait été le dernier survivant de la vraie littérature de gare, avec San-Antonio peut-être. Cette littérature en voie de disparition, qui unissait l'intello et le prolo, le gaucho et le facho, le catho et le macho, parce qu'à un moment, ce qui compte vraiment, c'est une bonne histoire aussi bien documentée, que les pages « Étranger » des journaux, sinon mieux, et de surcroît beaucoup plus sexy.

Malko regarda la pluie tomber. C'était bien un temps de Toussaint. Il se rappela le titre d'une de ses premières missions, *Opération Apocalypse*.

Voilà, on y était.

Georges Lautner † 22 novembre 2013

TONTON N'EST PAS MORT FLINGUÉ.

Georges Lautner est mort et la France pleure. Georges Lautner a bien fait de mourir très vieux, à quatre-vingt-sept piges et mèche. Il a suivi le conseil de Corneille, à la fin du *Cid* : « Laisse faire le temps, ta vaillance et ton roi. » Cela va lui permettre d'avoir des hommages universels, y compris du côté où l'on devrait détester, en théorie, tout ce qu'il représentait. Vous voyez ce que je veux dire, non ? Cette critique médiatique et ce personnel politique qui vomissent aujourd'hui tout ce qu'il incarnait hier mais qui ne peuvent pas, tout de même, se retrouver en rupture totale avec une mythologie française.

Imaginez, pour rire, comment objectivement on doit regarder *Les Tontons flingueurs* du côté d'Aurélie Filippetti (qui ne salue pas la mort de Gérard de Villiers) ou de Najat Vallaud-Belkacem, dont le cabinet est tenu par les Khmers d'un néoféminisme plus préoccupé par ce qui se passe dans les calbutes, les petites culottes et la grammaire que dans le monde du travail où les femmes continuent de morfler sévère à cause des temps partiels imposés ou des inégalités salariales persistantes !

Parce que dans les films de Lautner, la domination hétérofasciste du mâle blanc quinquagénaire, de surcroît enveloppée par les dialogues de Michel Audiard, c'est quand même une constante. *Les Tontons flingueurs*, dont on célèbre ces jours-ci le demi-siècle et qui se voit élever au rang de chef-d'œuvre national, la critique de l'époque l'a taillé en pièce ou dans le meilleur des cas, l'a traité en pochade. Oui, *Les Tontons flingueurs*, qui raconte une guerre de succession et illustre sur le mode farce le conflit entre légitimité et légalité, le rôle prépondérant des fidélités féodales contre les logiques d'appareils, l'importance de la tradition contre les ruptures irréfléchies et affirme la nécessité d'un ordre juste, comme chez Thomas d'Aquin et Ségolène Royal, voilà ce film essentiellement réactionnaire célébré par des gazettes qui ne supportent pas que l'on oublie un « e » à auteur si l'auteur est une femme.

Soyons clair, Lautner tournerait aujourd'hui, il serait crucifié. Son cinéma a beau être aimablement surréaliste, dans une subversion assez habile des codes du film de genre, il célèbre quand même les mecs, les mecs qui parlent fort, qui ont le sens de l'honneur, qui aiment la bonne bouffe, les filles parfois vénales et défourailler à tout bout de champ pour régler les complications de l'existence.

Aujourd'hui, cette cabale des dévots, la voilà confite d'admiration (ou obligée de faire semblant) pour un type qui allait chercher ses scénarios dans les romans noirs dont les auteurs oscillaient entre le machisme, le poujadisme et l'extrême droitisme. *Quelques messieurs trop tranquilles*, qui célèbre le bon sens madré des pay-sans berrichons et leur alliance objective avec des hippies contre des mafieux partisans de la concurrence libre et non faussée, est un roman d'A.D.G. Et *Mort d'un pourri*, où l'on retrouve encore une fois le duel entre ces deux concentrés de testostérone à l'état pur que furent Ronet et Delon, raconte les turpitudes du giscardisme immobilier et est accessoirement l'adaptation du roman éponyme de Raf Vallet, alias Jean Laborde, pas franchement un gauchiste, ni même un centriste. Le même Jean Laborde qui, sous le pseudonyme de Jean Delion, écrivit *Pouce !*, adapté également par Lautner dans *Le Pacha*, avec Jean Gabin en vieux flic solitaire. Jean Gabin, un pionnier de la théorie du genre comme chacun sait, s'offre même dans le film le luxe d'assister à l'enregistrement de *Requiem pour un con* de Serge Gainsbourg. *Requiem pour un con*, ça dit quoi, de ça, du côté d'Osez le féminisme !? Parce que du point de vue de la polysémie…

Bien sûr, chez ces gens-là, on n'a pas vu *Galia*, ce film admirable, nocturne et lumineux à la fois, où Mireille Darc trouve son meilleur rôle (avec peut-être *Les Seins de glace*, autre film de Lautner) dans un jeu libertin innocent et mortifère, façon *Liaisons dangereuses* sur fond de twist. Mais quand bien même cette cabale des dévots l'auraient vu, ils ne l'auraient pas compris parce qu'ils ne peuvent pas comprendre qu'on peut parler à la fois comme Boyer d'Argens, Laclos ou comme Audiard et Simonin, alors que ce sont les deux faces de la même pièce française.

Il faut remercier Lautner pour ses films. Mais aussi pour avoir été, à l'occasion de sa mort, un formidable révélateur de l'hypocrisie ambiante.

En fait, le politiquement correct ne se nourrit que de la faiblesse de ses cibles. Et oui, un Lautner de notre temps serait « abject », « nauséabond », « indigne ».

Sauf, évidemment, s'il commence à faire plus de deux millions d'entrées.

Frédéric Berthet † 25 décembre 2013
(dix ans de sa mort)

LA DISCRÈTE ET SOUTERRAINE
SECOUSSE DU REGRET.

L e monde vous semble étrange, absurde, parfois inhabitable ? Vous avez pris le parti d'en sourire parce que les gémissements, ce n'est pas votre genre ?

Il y a donc de fortes chances que vous trouviez votre bonheur dans l'œuvre de Frédéric Berthet, mort il y a dix ans, en 2003, à l'âge de quarante-huit ans. On réédite ces temps-ci deux des cinq livres qu'il a publiés de son vivant, *Paris-Berry* et *Felicidad*. Des livres minces, qui imposent dès les premières pages une écriture et un ton que vous n'oublierez plus : « L'écrivain s'engage sur le chemin de terre, entre la double rangée d'arbres qui mène à la route départementale. C'est comme s'il faisait pour la première fois attention à ce chemin de terre, qu'il se met à regretter aussitôt qu'il l'a quitté. »

Cela s'appelle le style. À l'époque où il était un brillant normalien, Frédéric Berthet suivait les séminaires de Roland Barthes. Il a sans aucun doute retenu sa définition de l'écriture : « Les arbres sont des alphabets, disaient les Grecs. Parmi tous les arbres-lettres, le palmier est le plus beau. De l'écriture, profuse et distincte comme le jet de ses palmes, il possède l'effet majeur : la retombée. »

Berthet est l'écrivain de cette retombée, le subtil docteur de l'effet retard, de la discrète secousse souterraine du regret. Son lecteur a souvent l'impression de flirter avec la banalité, et puis sans qu'il comprenne pourquoi, cette banalité le poursuit, comme s'il avait laissé échapper quelque chose en route. Tout était trop clair, trop évident. Il lui faut revenir en arrière. C'est pour cette raison qu'on relit sans cesse Berthet, pour percer le mystère de cette fausse transparence, de cette langue où l'incandescence joue sous le givre.

Prenons *Paris-Berry*, une succession de courts instantanés qu'on appellera roman si l'on veut et dont le fil conducteur est l'installation d'un écrivain, Berthet lui-même évidemment, dans une maison du Berry qu'on lui prête pour qu'il puisse écrire en paix. C'est bien sûr une très mauvaise idée de prêter une maison inconnue à la campagne à un auteur tellement attentif au monde qui l'entoure que celui-ci finit par devenir aimablement absurde. On songe parfois à Richard Brautigan, une des grandes admirations anglo-saxonnes de Berthet avec F. Scott Fitzgerald, Philip Roth et John le Carré. Dans *Paris-Berry*, il est question de filles oubliées depuis des années, qui appellent sur un téléphone de voiture alors qu'on n'a pas de téléphone de voiture, d'une recette pour les écrevisses, de l'usage de la virgule, d'une inondation, d'une rencontre onirique avec Antoine Blondin décédé mais néanmoins propriétaire d'une maison close.

Et, pendant ce temps-là, logiquement, le roman que l'on s'était promis d'écrire reste bloqué au chapitre cinq. *Felicidad*, un recueil de nouvelles, joue sur la même inquiétude polie. On pense apercevoir son père dans un taxi parisien alors que celui-ci, sans qu'on le sache, vient d'entrer dans une unité de soins intensifs.

En 1988, après avoir été attaché culturel à New York, Frédéric Berthet avait reçu le prix Roger-Nimier pour *Daimler s'en va*. On regrette que l'appellation « livre culte » soit tellement dévoyée car *Daimler s'en va* est le bréviaire d'un authentique dandysme qui n'a rien à voir avec une panoplie littéraire : sans jamais prononcer le mot, ou peut-être une fois, comme par une distraction calculée, Berthet racontait le suicide d'un jeune homme trop doué qui dîne seul au restaurant, lit La Fontaine et Grégoire de Nysse en écoutant les Young Marble Giants, ne pense qu'aux amours perdues, à l'enfance et aux livres, ce qui ne l'empêche pas de voir son double flotter par la fenêtre. Il lui ouvre d'ailleurs poliment à la fin parce que, décidément, on ne peut plus vivre avec certains souvenirs trop lumineux : « Daimler, qui redoutait depuis des siècles le coup de la petite fille blonde courant dans les blés, se dit que ça y est, c'est arrivé. »

La postérité de Berthet est encore l'affaire d'amateurs fervents. Il dispose cependant de lettres de créance assez sérieuses pour prétendre à un public de plus en plus large : il est admiré à la fois par Sollers, son éditeur historique, Éric Neuhoff, Patrick Besson, Jean Échenoz ou Michel Déon. De quoi voir venir, là où il est désormais : « La ville soudain avait une bonne odeur, à la fois verte et métallique. La vie recommençait. Tout était drôle, léger, amusant. Il savait bien que tout ce que la littérature lui prenait, elle était forcée de lui rendre de temps en temps. »

Régine Deforges † 3 avril 2014

LA SENSATION EXACTE.

Régine Deforges avait tout pour plaire, notamment parce qu'elle a su attirer sur elle les foudres de plusieurs conneries concomitantes et néanmoins mortifères comme la censure gaullo-pompidolienne ou le puritanisme aigre d'un certain féminisme. Elle a été la première éditrice, en 1968, du magnifique *Le Con d'Irène* alors qu'Aragon ne reconnaissait pas ce texte, elle a eu des sympathies pour la révolution cubaine et notamment le trop tôt disparu Camilo Cienfuegos, elle a écrit dans *L'Huma* et elle est à l'origine des premiers émois érotiques et littéraires de votre serviteur adolescent qui lisait en cachette, dans la bibliothèque parentale, *Le Cahier volé*, *Contes pervers* ou *Lola et quelques autres* au tournant des années 1970 et 1980. C'est vous dire si elle va nous manquer, dans son genre.

On se souvient aussi, allez savoir pourquoi, d'une remarque d'une rare sensualité sur l'odeur du pain grillé dans *Blanche et Lucie*. C'est sans doute cela au bout du compte, un écrivain : quelqu'un qui vous laisse, pour toujours, ne serait-ce qu'un détail reflétant une sensation exacte.

Le hasard a fait que nous nous sommes croisés deux fois, lors de signatures de service de presse chez Fayard. J'avais pu lui dire toute ma sympathie, et c'est de cette manière que j'ai eu une jolie dédicace sur le dernier volume de *La Bicyclette bleue* qui s'intitulait prophétiquement *Et quand viendra la fin du voyage...* J'aurais aimé la lui redire à Limoges, ce week-end où elle était attendue au Salon du livre.

Ce sera pour une autre fois, dans cette bibliothèque infinie qui est le paradis des écrivains.

Michel Lang † 24 avril 2014

LES SEVENTIES, C'ÉTAIT L'ATLANTIDE.

Il faut bien que vous compreniez, jeunes gens, que nous avons vu disparaître un monde ancien, nous qui avons connu les affres de la puberté entre les deux chocs pétroliers, dans une France qui se vivait encore comme la jolie fille des Trente Glorieuses cherchant un second souffle historique dans le modernisme pompidolien puis le libéralisme avancé de Giscard.

Nous avions deux cinéastes pour représenter cette société des seventies où nos cousines avaient des robes à smocks, nos mères des minishorts et des lunettes de soleil remontées dans les cheveux et nos pères d'incroyables cravates à motifs avec des costumes rouille à pattes d'ef et des bottines à talonnettes qui leur donnaient une allure folle quand ils sortaient des R12 TS à siège baquet. Les deux cinéastes s'appelaient Sautet et Lang. Claude Sautet, c'était *Vincent, François, Paul et les autres…*, des histoires d'adultes qui avaient des problèmes d'adultes derrière la vitre des cafés parisiens où ils buvaient des demis au comptoir en fumant des Gitanes maïs avant de décider s'ils allaient quitter Léa Massari pour Romy Schneider dans *Les Choses de la vie*.

Et puis il y avait Michel Lang. Michel, pas Fritz. Pardonnez-nous nos offenses mais notre cinéphilie est d'abord née avec les films du dimanche soir sur la première chaine de l'ORTF. Et c'est comme ça que l'on finit par trouver, même quarante ans plus tard, *À nous les petites Anglaises* plus important que *Le Tigre du Bengale*.

Michel Lang vient de mourir et c'est notre jeunesse qui s'en va. On trouve que la Faucheuse aurait pu mieux choisir son Lang. Il y avait aussi Jack ou même Carl. Michel Lang, né en 1939, a au moins donné deux films, *L'Hôtel de la plage* et *À nous les petites Anglaises*, que les amateurs qualifieront de « culte » par manque d'imagination alors qu'ils sont d'abord de formidables reportages sur le bonheur qu'il y avait d'être français dans les années 1970, cette Atlantide temporelle où ont sombré nos dernières illusions historiques et sentimentales. Sautet faisait dans la chronique, Lang dans la comédie. Sautet s'occupait de la crise de la quarantaine chez des mâles hétérosexuels blancs à fort pouvoir d'achat (mais dans les seventies, tous les mâles étaient hétérosexuels, blancs et à fort pouvoir d'achat, même les ouvriers portugais) tandis que Michel Lang, lui s'occupait de la crise d'adolescence chez des filles et des garçons qui étaient trop petits pour avoir connu mai 1968 et qui croyaient vivre pour l'éternité (« on aurait pu vivre plus d'un million d'années » comme chantait Nino Ferrer à la même époque) dans un monde où les seuls soucis que l'on connaissait à dix-sept ans n'étaient ni la drogue, ni la précarité, ni le chômage de masse mais les émois du cœur, le désir fou de ne pas oublier le corps de Sophie Barjac à seize ans que l'on serre contre soi comme si la vie en dépendait alors que Mort Shuman chantait « Un été de porcelaine », dont la mélodie nous poursuivra jusqu'à notre dernier souffle, comme la petite phrase de Vinteuil accompagnant Swann jusque dans son agonie.

On repassera sans doute *L'Hôtel de la plage*, ces jours-ci, à la télévision. Il faudra bien regarder ce film. Il ne vaut pas seulement parce qu'un jeune homme y est initié par une jeune et jolie bourgeoise dans un lit-clos breton, une après-midi pluvieuse d'août où l'on ne trouve plus rien d'autre à faire que de chiner chez un antiquaire du côté de Morlaix. Non, *L'Hôtel de la plage* nous parle d'une époque où l'on ne reprochait pas au Français moyen d'être un assisté insuffisamment préparé à la compétition mondiale. On ne lui reprochait pas d'avoir le temps de partir un mois en vacances à la mer et dans un hôtel deux étoiles à pension complète, s'il vous plaît. En emmenant avec lui ses deux enfants, sa belle-mère, voire sa maîtresse, alors qu'il n'était jamais que garagiste à Montargis ou clerc de notaire à Pontoise. C'est vous dire si le pouvoir d'achat de Daniel Ceccaldi, qui était à Michel Lang ce que Michel Piccoli fut à Claude Sautet, c'est-à-dire l'archétype masculin de ce temps-là, ferait pâlir les salariés d'aujourd'hui dans la France de l'éternelle rigueur.

On pourra peut-être revoir aussi, si les programmateurs ont un peu d'imagination, *Une fille cousue de fil blanc*. C'est l'équivalent des *Choses de la vie* chez Sautet, un film construit comme un flash-back sur une jeune fille qui meurt écrasée à vélo la veille de son mariage. Bref, c'est une tragédie intime où l'on voit un Reggiani au mieux de sa forme et des actrices féminines jolies comme des cœurs qui ont disparu des écrans radar : France Dougnac et Aude Landry. Michel Lang se faisait grave, poignant et tant pis si on trouve le compliment exagéré, mais il y avait dans *Une fille cousue de fil blanc* quelque chose de *L'Incompris* de Comencini.

Comme quoi, Michel Lang, comme tout artiste, se caractérisait par l'intuition et celle qui présidait à sa *Fille cousue de fil blanc*, c'était que tout ça, les étés heureux, la France des R16, les seins de Martine Sarcey et le sourire de Myriam Boyer (à moins que ce ne soit le contraire), ça n'allait pas pouvoir continuer encore bien longtemps.

Nadine Gordimer † 14 juillet 2014

BROUSSE, WHISKY, LITTÉRATURE ET MARXISME.

On ne peut pas tout lire, et c'est bien dommage. Ainsi dois-je confesser n'avoir jamais ouvert un livre de Nadine Gordimer, la grande dame des lettres sud-africaines, morte dimanche dernier à quatre-vingt-dix ans. J'aurais pu, pourtant : j'avais souvent croisé son nom pour des raisons plus politiques que littéraires, notamment au moment des grandes manifs antiapartheid organisées par le PCF dans les années 1980, quand un coopérant français, Pierre-André Albertini, Haut-Normand comme moi, avait été emprisonné en Afrique du Sud pour avoir aidé l'ANC (Congrès national africain). Mais, dois-je le préciser, je n'ai jamais confondu le talent d'un écrivain et ses engagements et je suis d'un laxisme scandaleux aux frontières de ma bibliothèque, véritable espace Schengen littéraire, puisque je laisse s'y réfugier des romanciers collabos, des surréalistes trotskystes, des cryptofascistes italiens, d'anciens terroristes et même des pédophiles russes qui écrivent en américain. C'est vous dire si, en la matière, je ne me fie qu'aux impulsions de mes goûts. Donc, le fait que

Nadine Gordimer ait été une combattante inlassable d'un régime raciste ne suffisait pas a priori à en faire un grand écrivain et je me méfie du politiquement correct qui consiste à trouver bons ceux qui adoptent les bonnes causes. Mais je crois pourtant que je vais tout de même la lire, Nadine Gordimer, après avoir découvert les deux pages nécrologiques que lui a consacrées *Libé* et notamment la reprise d'un portrait de 2002 sous la plume de Natalie Levisalles.

Bien sûr, j'ai souri d'aise en découvrant Nadine Gordimer, à l'époque âgée de soixante-dix-neuf ans, d'une élégance parfaite dans le genre broussarde chic, prendre son whisky vespéral en déclarant : « Je suis une gauchiste, et membre de l'ANC » tout en complétant par un délicieux : « Le marxisme est encore utilisable ». Mais encore une fois, ce n'est pas cela qui m'a donné envie de la lire, mais bien plutôt la définition qu'elle donne du métier d'écrivain, et qui me semble une des plus justes qui soit : « Les vrais écrivains sont androgynes. Je suis une femme dans mon corps et mes préférences sexuelles. Mais en tant qu'écrivain, je peux avoir n'importe quel âge et n'importe quel sexe. Pour moi, l'écrivain qui a écrit le plus intimement du point de vue d'une femme, c'est Joyce, dans le soliloque de Molly Bloom. » Elle a évidemment tout compris : les vrais écrivains sont ceux qui refusent toutes les assignations de sexe, de genre (y compris de genre littéraire), toutes les convocations idéologiques, non pas forcément dans leur vie, mais au moment même où ils écrivent. C'est pour ça, en général qu'on les déteste, qu'on les fusille, qu'on les embastille, qu'on les estrapade. On invoque pour les martyriser ou les silencier des prétextes politiques, souvent, ou moraux, parfois : Brasillach est fusillé parce que c'est un salaud qui balance des enfants juifs – ce qui est vrai – et Flaubert est condamné par le procureur Pinard parce qu'il est obscène – ce qui est faux. Mais à la limite, quelle importance ! La vraie raison est ailleurs.

Les grands écrivains ne s'y trompent pas : ce que toute une société ne leur pardonne pas, c'est cette possibilité d'identités multiples, vécues plus intensément que personne ne les vivra jamais. Ne pas comprendre autrement, par exemple, le « Madame Bovary, c'est moi ! » de Flaubert ou Céline dans la préface à une réédition du *Voyage* : «Vous me direz : mais c'est pas le *Voyage* ! Vos crimes là que vous en crevez, c'est rien à faire ! c'est votre malédiction vous-même ! votre *Bagatelles* ! vos ignominies pataquès ! votre scélératesse imageuse, bouffonneuse ! La justice vous arquinque ? Zigoto ! Ah mille grâces ! mille grâces ! C'est pour le *Voyage* qu'on me cherche ! Sous la hache, je l'hurle ! c'est le compte entre moi et "Eux" ! au tout profond... pas racontable... On est en pétard de Mystique ! Quelle histoire ! » Ça rend fou, ce dernier espace d'une liberté totale, et ça rendra de plus en plus fou à une époque de quadrillage généralisé accru, de vie unidimensionnelle obligatoire, d'évasion dépressive dans le virtuel. L'écrivain, lui, sans rien demander à personne, devient, comme disait Apollinaire, l'« enchanteur qui sait varier ses métamorphoses ». Et pire que tout, il le devient sans avoir besoin de machines compliquées dans un monde où l'on ne révère plus que la technique et dans la solitude alors qu'il faut désormais appartenir à une tribu et surtout rester joignable, au garde-à-vous de toutes les sollicitations familiales, professionnelles, amoureuses. Lire Nadine Gordimer, donc, ne serait-ce que pour la remercier de ce salutaire rappel et surtout parce qu'un écrivain qui a compris ça ne peut être qu'un grand écrivain.

Arin Mirkan † 5 octobre 2014

LA JEUNE FEMME ET LA MORT.

Je n'irai probablement jamais à Kobané mais je ne suis pas près d'oublier ce nom. Je ne peux qu'imaginer cette ville avec une image mentale sans doute fausse. Une cité d'Orient, écrasée de soleil, une ville qui pourrait entrer sans problème dans un vers de Racine : « Je demeurai longtemps errant dans Kobané. » Si je ne vais pas oublier Kobané, c'est parce que ce qui s'y joue, ces jours-ci, a pris soudain un visage, un beau visage de femme, celui d'Arin Mirkan.

Oui, jusque-là, quitte à choquer, je regardais cette guerre avec une certaine circonspection. Oh, je suis bien convaincu que l'État islamique est composé d'affreux décérébrés. Seulement personne ne m'a expliqué de manière vraiment convaincante comment il se fait qu'ils aient apparu si vite et si fort en Irak. On avait pourtant installé la démocratie, en Irak, non, en éliminant de la scène le plus affreux dictateur de tous les temps, un certain Saddam Hussein ? Personne ne m'a expliqué non plus pourquoi soudain l'Iran et Bachar Al-Assad étaient devenus fréquentables. Parce que sauf hallucination psychotique de ma part, l'année dernière, il était très urgent de bombarder Assad et de faire de même avec l'Iran en passe de devenir une puissance nucléaire. Winston Smith, dans *1984*, qui travaille au ministère de la Vérité, sait bien qu'il ne faut pas chercher trop loin, que si l'année dernière Océania était en guerre avec Eurasia contre Estasia, maintenant Océania est alliée avec Eurasia et est en guerre avec Estasia et qu'il en a *toujours été ainsi* puisque la réécriture permanente du passé crée la vérité du présent. Celui qui oserait dire le contraire ne serait qu'un allié objectif des djihadistes, un affreux, un relativiste…

Arin Mirkan, donc. L'histoire est connue : capitaine dans les troupes kurdes de l'YJP, le bras armé du Parti de l'unité démocratique, Arin Mirkan, cernée par les djihadistes de l'État islamique, a préféré dégoupiller une grenade ou déclencher des explosifs dans une ceinture – les sources divergent – pour entraîner avec elle dans la mort une dizaine d'assaillants. On ne sait pas exactement son âge, on dit qu'elle avait des enfants et on souligne assez peu que son parti est un vrai parti progressiste, avec même dedans des vrais bouts de marxisme. Il faudrait d'ailleurs se demander pourquoi, quand les peuples luttent pour leur indépendance, cette indépendance va si souvent de pair avec un projet social avancé, voire révolutionnaire. Il faut croire que la patrie n'est pas incompatible avec le socialisme, le vrai, et quitte à se libérer d'une tutelle politique, pourquoi pas d'un système économique, pour faire d'une pierre deux coups et aller vers plus de justice sociale, ce qui fut la philosophie, si décriée aujourd'hui, de notre Conseil national de la Résistance dès 1943 ?

Enfin, quand je dis que l'histoire d'Arin Mirkan est connue, finalement pas tant que ça. On en a parlé mais pas au point d'en faire un symbole, tout au moins dans les médias occidentaux. Que nous arrive-t-il, nous si prompts à nous enflammer sur commande médiatique ? La peur de se faire manipuler par un bouteillon de la propagande kurde ? Ce serait tout à l'honneur des rédactions pourtant si disposées à avaler n'importe quoi dès qu'un conflit où nous sommes mêlés de près ou de loin – ici plutôt de loin – permet de faire de l'audience avec des images martiales, belles comme un extrait de *Top Gun*.

Mais il y a une autre hypothèse, moins glorieuse. On a peut-être un peu honte devant le visage souriant, tellement proche, d'Arin Mirkan. On célèbre depuis des semaines l'héroïsme kurde, ce qui ne mange pas de pain, mais apparemment à part des frappes aériennes à haute altitude qui semblent moyennement efficaces puisque Kobané est sur le point de tomber, on ne fait pas grand-chose. On leur avait promis des armes mais il doit y avoir de sacrées difficultés d'acheminement, comme les colis de la poste, car ils n'ont visiblement toujours rien reçu. Ou alors, comme l'Angleterre et la France pendant la guerre d'Espagne, l'Occident joue à la non-intervention déguisée et nos armes arriveront trop tard comme sont arrivés trop tard les avions de Staline pour les républicains.

Et puis, sans doute, surement même, Arin Mirkan nous renvoie à quelque chose qui nous a définitivement dépassés : l'héroïsme. Et en plus, c'est une femme. Une belle femme héroïque... Je sais, les néoféministes ou postféministes vont pousser des hauts cris mais je reste indécrottablement « genré » : quand c'est une femme qui meurt à la guerre, en combattant, il y a pour moi une manière de valeur ajoutée symbolique qui rend la chose encore plus tragique. Apparemment, pour la France aussi, puisqu'on se rappellera que notre héroïne nationale est tout de même Jeanne d'Arc.

On fera bien de se le rappeler, aussi, quand nous contemplerons le visage d'Arin Mirkan qui s'est battue pour sauver le droit de nous regarder, nous, en souriant, avec ses yeux sombres et profonds. Sans que rien, ni un voile ni même sa mort, ne vienne s'interposer entre elle et nous, à Kobané ou ailleurs.

Rémi Fraisse † 26 octobre 2014

MORT D'UN CŒUR PUR.

Il n'aura pas la Légion d'honneur à titre posthume. Il est vrai qu'il ne pratiquait pas l'optimisation fiscale, les stock-options, les retraites chapeau, le travail forcé en Birmanie, l'empoisonnement du delta du Niger ou des côtes bretonnes, la corruption à l'échelle continentale et le néocolonialisme capitaliste à la sauce Françafrique. Il n'aura donc pas le droit, non plus, aux condoléances serviles et kimjongiliennes des ordures et des décombres qui contrôlent, certes de plus en plus mal, l'appareil politico-médiatique.

Il s'appelait Rémi Fraisse, il avait vingt et un ans et il est mort pour empêcher un barrage de se construire et de perpétuer la vision délirante d'une agriculture productiviste qui, ailleurs en France, a déjà transformé des rivières en zones hautement toxiques et fait rôder notre fin dans nos canalisations.

La manière dont l'enquête multiplie les circonvolutions pour expliquer sa mort rappelle un scénario que même Yves Boisset aurait trouvé caricatural. On attend le moment où le procureur conclura que Rémi Fraisse s'est suicidé en se tirant une grenade lacrymogène dans le dos juste pour embêter les forces de l'ordre. Tout le monde ne peut pas mourir, aurait dit Lautréamont, de la rencontre fortuite sur une table de dissection entre un jet privé et une déneigeuse.

Rémi Fraisse appartenait à cette fraction de la jeunesse qui, de Tarnac à Notre-Dame-des-Landes, des places d'Espagne ou de Turquie aux centres sociaux italiens, de la vallée de Suse à Taksim, d'Exarchia à Occupy Wall Street, de ZAD en TAZ, s'est libérée de la matrice et a compris que, ce que nos enfants allaient payer, ce n'étaient pas les intérêts de cette dette fantasmatique inventée par un système aux abois pour domestiquer la population, non, ce qu'ils allaient payer, c'étaient les conséquences écologiques d'un mode de production aberrant.

Pour un peu méditer cette fin violente, il est peut-être temps de lire *À nos amis*, qui vient de paraître sept ans après *L'Insurrection qui vient* et en confirme tellement d'intuitions.

On a toujours raison de se révolter et de refuser le choix entre une fin effroyable et un effroi sans fin.

Jean-Louis Crémieux-Brilhac † 8 avril 2015

CRÉMIEUX-BRILHAC A REJOINT
LA FRANCE LIBRE.

Jean-Louis Crémieux-Brilhac vient de mourir à quatre-vingt-dix-huit ans. On peut raisonnablement penser qu'il a rejoint la France libre car celle-ci n'est pas seulement une des périodes les plus glorieuses de notre histoire avec son odeur de poudre et de grand large, de courage et d'aventure et ses capitales provisoires qui s'appelaient Londres, Dakar ou Alger, c'est aussi une donnée spirituelle de notre histoire, une Arcadie française où les guerriers, les résistants, les vrais amoureux de la patrie qui ont bien mérité d'elle, peuvent enfin aller se reposer.

Jean-Louis Crémieux-Brilhac était né en 1917 à Colombes et avait grandi dans cette France qui croyait que le carnage de 1914-1918 était la der des der et s'oubliait dans le charleston, le surréalisme et les filles coiffées à la garçonne. Mais Jean-Louis Crémieux-Brilhac ne se fit jamais d'illusions sur le fait que l'histoire est toujours tragique. Rapidement, lycéen, il s'engagea dans la mouvance antifasciste à l'époque où cela voulait dire quelque chose. Issu d'une vieille famille juive originaire de Carpentras, il savait qu'on ne reste jamais très longtemps tranquille dans ce monde-là et comme de surcroît son oncle était le célèbre critique Benjamin Crémieux, il fit assez vite la connaissance de Malraux, lui aussi assez bien renseigné sur le fascisme qu'il n'allait pas tarder à bombarder avec des avions de fortune du côté de Teruel.

Quand la guerre éclate, Crémieux-Brilhac se bat bien sur la ligne Maginot et ses fortins inexpugnables, ce qui explique qu'il soit fait prisonnier tardivement, le 11 juin 1940. Il s'évade par l'est, gagne l'URSS et s'y retrouve captif jusqu'à la rupture du pacte germano-soviétique. Il rejoint la France libre dès septembre 1941 où il devient chargé de la propagande. Le reste, il le racontera dans une somme, *La France libre*, qui fait de lui le témoin engagé par définition, traçant avec précision la frontière complexe entre l'historien et l'acteur. Dans la préface à la dernière édition, il évoque ses discussions avec Pierre Nora, grand spécialiste de cette tension entre mémoire et Histoire, qui l'ont conduit à redéfinir clairement son statut d'« historien témoin » : « Mais, n'en déplaise à Nora, l'historien témoin a un avantage sur le pur manieur d'archives : le fait d'avoir vécu cette histoire et d'en avoir connu les acteurs lui donne une sensibilité particulière à ce que dissimule l'événementiel, en même temps que le souvenir irremplaçable de la tonalité des choses. »

Le grand homme de Crémieux-Brilhac, bien sûr, ce fut de Gaulle. Il trace de lui des portraits à la fois lucides et admiratifs et insiste sur l'aspect miraculeux et héroïque (c'est la même chose) d'une telle figure à un tel moment : « Que cet homme isolé en terre étrangère ait dû, seul de tous les chefs européens en exil, se dresser à la fois contre l'Allemand et contre le pouvoir légal de son pays, qu'il ait eu non seulement la vocation mais la capacité, dans son exil, de relever et de rallier la Nation défaite – qui ne le connaissait que par sa voix – afin de la hisser avec lui au rang des pays vainqueurs, tient en effet du prodige. »

Dans notre époque où ça pétainise dans la presse d'extrême droite et où, en revanche, le gaullisme, même en tant que mot, a disparu du champ politique, la mort de Crémieux-Brilhac, dont la longévité était comme une garantie contre l'amnésie, est une mauvaise nouvelle.

En exergue de sa *France libre*, il citait le *Sertorius* de Corneille : « Rome n'est plus dans Rome, elle est toute où je suis ». On relira donc *La France libre*, pour savoir où se trouve la France en ce moment, car ce n'est pas évident quand toutes les boussoles, et Crémieux-Brilhac en était une, disparaissent successivement.

Jean Vautrin † 16 juin 2015

ZULIE-BERTHE EST ORPHELINE.

Je me souviens des tout premiers romans noirs (néo-polars si vous y tenez) que j'ai lus, disons en classe de première, au début des années 1980, et qui m'ont fait comprendre qu'une chose aussi importante que la poésie se jouait de ce côté-là. Il s'agissait, par ordre d'apparition dans ma bibliothèque de jeune homme, de *Ô dingos, ô châteaux*, de Manchette (carré noir et silhouette de Marlène Jobert en fuite sur la couverture), *La Nuit des chats bottés* de mon très cher et regretté Frédéric Fajardie (éditions NéO, illustration de Claeys), *Pour venger Pépère* d'A.D.G., (« Série noire » en poche, avec l'affreux macaron photographique sans compter la pub pour les Bastos en quatrième de couverture – ça se fume encore des Bastos ?) et *Bloody Mary* de Vautrin (Le Livre de poche, fille à oilpé blonde assez choucarde dans une baignoire mais je ne suis plus très sûr, pour la baignoire).

Malgré les différences de tempérament et de style, on sentait que la rage de ces quatre écrivains-là, une rage qui n'excluait jamais ces faux jumeaux que sont l'humour et la mélancolie, était la meilleure façon de traverser les années 1980 qui s'annonçaient comme « la décennie du grand cauchemar » comme a dit François Cusset.

Leur colère, née dans les seventies et qui s'était fait les griffes contre la connerie à front de taureau de la France pompidolo-giscardienne, était l'héritière des utopies perdues après mai 1968, même pour A.D.G., ce délicieux royco-facho, qui lui aussi avait rêvé, jeune homme, de communautés anar de droite façon Micberth et pour qui le bonheur, comme dans un roman de Jacques Perret, aurait ressemblé à une ferme fortifiée avec des filles, des armes et du vin de Loire. Mais c'était une colère qui allait aussi me servir, à moi et à quelques autres de ma génération, à affronter, le sourire aux lèvres pour masquer notre nausée, la grande trahison du socialisme de gouvernement et l'avènement totalitaire du fric roi, de la compétition comme mode de vie et de la trouille du chômage de masse comme méthode de gouvernement.

J'ai bu avec Frédéric Fajardie et A.D.G., qui ont été, à des degrés divers, des amis, j'ai raté Manchette de peu et je n'ai fait que croiser Vautrin. Ça n'ira donc pas plus loin puisqu'il vient de mourir à quatre-vingt-deux ans, ce 16 juin 2015 à Gradignan. C'est dommage, j'aurais pu lui demander le secret pour entretenir ou ressusciter cette flamme contestataire, violente et soyeuse qu'on trouvait dans le polar français de cette époque-là. Après, Vautrin était devenu un écrivain sérieux en décrochant le prix Goncourt en 1989 avec *Un grand pas vers le Bon Dieu*. Mais il avait toujours gardé, outre ses activités de scénariste sous son vrai nom, Jean Herman, l'amour de la littérature populaire, cette gourgandine mal peignée aux yeux trop grands qui vous plonge dans des insomnies heureuses : on lui devait ainsi une saga sur la Commune, *Le Cri du peuple*, adaptée en BD par Tardi ou, à quatre mains avec Dan Franck, *Les Aventures de Boro reporter photographe*, qui mettent en scène un Rouletabille nouvelle manière traversant les années 1930 et 1940 en une demi-douzaine de romans qui vont de la montée du nazisme à la création de l'État d'Israël en passant par la Guerre d'Espagne.

Mais rien ne vaudra, tout de même, le choc opéré par *Bloody Mary*, *À bulletins rouges*, *Billy-ze-Kick* ou *Groom*, quand Vautrin tirait sur tout ce qui bougeait, les grands ensembles, le racisme émergent, les flics ripoux, les élus compromis ou les gauchistes en rupture de ban. On n'est pas prêt d'oublier, en plus, cette écriture parfaitement maîtrisée au point de pouvoir mettre en scène, comme dans *Billy-ze-Kick*, Julie-Berthe une gamine qui zozote et qui est aussi délurée que Zazie, avec un père flic qui lui raconte des histoires monstrueuses pour l'occuper, histoires qui finissent par arriver dans la réalité.

Bref, dans ces romans de Vautrin qui sentent bons les R16 et les flippers, il y en avait pour tout le monde alors qu'aujourd'hui, on aura beau dire, il n'y en a plus pour personne.

Première péroraison

MOURIR À NEUF ANS

« J'avoue que j'ai vécu. » Pablo Neruda
« J'avoue que j'ai peu vécu. » Jérôme Leroy

La vraie vie, combien de temps ça dure, en fait ?
Quand on parle de la vraie vie, on veut dire celle
qui est faite du temps libéré de toutes les aliénations,
la vraie vie qui nous permet de tomber amoureux, de
lire, de voyager, de jouer avec nos enfants et nos pe-
tits-enfants, de boire un coup entre copains, de traî-
ner toute une soirée d'été dans une chaise longue à
regarder le ciel changer de couleur.

D'après une récente étude, américaine comme il
se doit, ça dure aux alentours de neuf ans, et en par-
tant de l'hypothèse optimiste que vous ne mourrez
pas avant soixante-dix-huit ans.

On y va pour le décompte ?

Déjà, le sommeil va vous prendre vingt-neuf ans
de votre existence. Bon, dormir, c'est agréable sauf,
comme le disait le grand Louis Scutenaire, quand
« on dort pour un patron », histoire de reconstituer sa
force de travail. Il vous reste donc quarante-neuf ans
de vie éveillée.

Ensuite, l'école et les études : entre les cours et
les révisions, vous pouvez encore retirer trois ans et

demi. On en arrive à la louche à quarante-six ans. À ce moment-là, si vous avez un boulot, vous y laisserez quatre-vingt-onze mille heures, soit dix ans et demi. Vous suivez toujours ? On en est, l'air de rien, réduit à trente-cinq ans de vie.

Mais évidemment, il faut se déplacer pour aller faire des courses ou pour rejoindre sa maison de plus en plus loin des centres-villes, à cause des prix de l'immobilier. Résultat : encore un an de perdu dans les bouchons, les métros ou les TER.

Pour éviter d'incommoder vos contemporains, en général, vous vous lavez. Eh bien, même sans faire d'excès pour se pomponner, on en prend pour deux ans et demi sous la douche ! Tout d'un coup, on en est à trente-deux ans de vie restante. Être propre, c'est bien, mais il faut aussi se nourrir. En moyenne, toujours, ça nous prend quatre ans. Et voilà qu'on n'a plus que vingt-huit ans. Vingt-huit ans à table, je n'ai rien contre quand il s'agit de plaisirs partagés autour d'un tablier de sapeur et d'une bouteille de chinon mais le plus souvent, il s'agit quand même plutôt d'une popote hâtive ou d'un sandwich rapide dans une mangeoire contemporaine.

Comme il faut bien faire les courses, vous rajouterez deux ans et demi dans les supermarchés. N'oubliez pas six ans de travaux ménagers. Pour conduire les enfants à la crèche ou à l'école, vous reprenez dix-huit mois ferme.

On arrive à dix-huit ans de temps disponible. Mais vous vivez à l'époque du Net, de Facebook, des jeux vidéos et des télés qui ont des centaines de chaines, ce qui fait que vous passez encore neuf ans devant des écrans alors que personne ne vous y oblige. Résultat : neuf petites années de temps réellement libre.

C'est inquiétant ? Déprimant ? Sans doute.

Mais c'est une raison de plus pour vouloir radicalement changer la société. Alors que le Medef se prépare à renégocier avec ses amis de la CFDT une nouvelle loi sur les retraites qui verrait la durée de cotisations passer à quarante-six ans, on pourra se rappeler cette enquête.

Il y a des choses bien sûr qui ne sont pas évitables, comme le sommeil ou l'hygiène (enfin j'espère). Mais pour le reste, n'est-ce pas juste une question d'organisation de la société ? Repenser le travail, l'urbanisme, les transports, les études, de façon à ce que tout cela soit plus juste et plus humain, c'est possible. Comment ? En renversant une bonne fois pour toute le système qui est le nôtre et qui non seulement veut nous faire travailler jusqu'à la mort mais veut aussi nous faire consommer et nous distraire comme il l'entend. En 1967, déjà, Guy Debord écrivait dans *La Société du Spectacle* : « Le projet révolutionnaire d'une société sans classes, d'une vie historique généralisée, est le projet d'un dépérissement de la mesure sociale du temps, au profit d'un modèle ludique de temps irréversible des individus et des groupes, modèle dans lequel sont simultanément présents des temps indépendants fédérés. C'est le programme d'une réalisation totale, dans le milieu du temps, du communisme qui supprime "tout ce qui existe indépendamment des individus". »

Autrement dit, si vous ne voulez pas mourir à neuf ans, la solution, encore une fois, c'est le communisme.

Seconde péroraison

« JÉRÔME, JÉRÔME,
QUE PRÉTENDS-TU EN CE MONDE ? »

Oui, un jour, ce sera mon tour et pour en terminer, je veux mourir sur une plage, comme celle où mourut Homère, à Ios. Une immense courbe dorée, ocre, bleue.

J'y étais en 1986. J'aurais pu déjà mourir en 1986, à Ios. Je n'aurais pas raté grand-chose par la suite, finalement. Je me demande si ce ne fut pas le dernier été du monde d'avant, tiens. L'île était une vaste boite de nuit en plein air pour routards de toute l'Europe. C'était un temps merveilleux où l'on payait des tequilas rapido en drachme à des Norvégiennes aux seins nus et aux jambes interminables et veloutées.

Ce que j'ai aimé ça, l'odeur de plage des Scandinaves, dans l'éternité suspendue de l'été grec.

Il n'y avait ni capotes ni monnaie unique. Dans le sexe des filles, rien ne séparait leurs muqueuses de ma muqueuse, leur musique de ma musique. Et sur les billets grecs, au contraire de l'euro qui martyrise le pays aujourd'hui, on voyait de vrais personnages, de vrais monuments, comme les ruines de cette forteresse vénitienne, un peu à l'écart, où l'on allait en scoutère et où l'on faisait l'amour quand le bleu noyait tout.

Je crois qu'on parlait un peu du sida, déjà, sans bien comprendre de quoi il s'agissait, et puis allez comprendre que la mort pouvait arriver par la bouche aux lèvres un peu gercées d'Ulrica, par son haleine de cannabis et de menthe, par sa sueur sexy de fille du nord, par sa cyprine de Viking hédoniste.

Je ne laisserai jamais dire à personne que vingt et un ans n'est pas le plus bel âge de la vie.

Je veux mourir sur une plage, d'accord, mais si possible au temps du communisme sexy et balnéaire. Celui qui a le mieux représenté, plastiquement, ce à quoi pourrait ressembler le monde au temps du communisme sexy et balnéaire, bizarrement, c'est Paul Morand qui était certainement balnéaire, probablement sexy, mais pas communiste (« ces villes de toile qui ourlent désormais la frange de tous les rivages européens, comme dans un monde après la bombe »).

Morand ne trouvait pas ça terrible comme perspective. Mais Morand est mort en juillet 1976, tiens, dix ans avant que je ne sois à Ios, le même mois. Morand ne pouvait pas encore imaginer à quel point le monde spectaculaire-marchand allait nous inventer des morts modernes bien atroces, bien inédites : accidents nucléaires, virus émergents, nourritures trafiquées, pics de pollution, suicides d'adolescents, tueries de masse dans les établissements scolaires, avions de lignes précipités dans les buildings. Et que tout cela allait, au bout du compte, rendre aimable la perspective d'une humanité ne vivant plus que sur les bords de mer.

Il ne faudra plus jamais faire l'erreur de revenir dans les terres. C'est comme ça que l'on crée des États, des empires, des guerres. Tandis que sur les plages, on peut faire des siestes hypnagogiques où l'on tutoie des déesses qui ressemblent à Ulrica.

Donc, je voudrais bien mourir sur une plage comme ça, discrètement, en regardant des filles au couchant qui ressortent de l'eau et tordent leurs cheveux dans un mouvement identique à celui de la nymphe.

En me souvenant d'un air de doo-wop, d'un vers de *L'Odyssée*, d'une phrase du *Manifeste* où il est question des liens multicolores, ou du sourire d'Ulrica, vieil homme pouvant enfin fermer les yeux sur la mer infinie d'un monde pacifié.

Table

Remerciements

*Je remercie chaleureusement Élisabeth Lévy,
Gil Mihaely et Marc Cohen pour m'avoir permis,
dans* Causeur, *de me laisser exprimer des avis parfois,
mais pas toujours, radicalement opposés aux leurs.
Sans* Causeur, *ce livre n'aurait évidemment pas pu
voir le jour.*

Du même auteur (suite)

Essais

Le Dictionnaire des personnages populaires de la littérature des XIXe et XXe siècles, Seuil, ouvrage dirigé par S. Delestré et H. Desanti, 2010.

Physiologie des lunettes noires, Mille et une nuits, 2010.

Le Grand Livre de Dumas, Les Belles Lettres, ouvrage dirigé par C.Dantzig, 1997.

Le Grand Livre de Proust, Les Belles Lettres, ouvrage dirigé par C.Dantzig, 1996.

Frédéric H. Fajardie, Le Rocher, 1994.

Poésie

Sauf dans les chansons, La Table Ronde, 2015.

Un dernier verre en Atlantide, La Table Ronde, (prix de l'Académie française Maïse Ploquin-Caunan), 2010.

Le Déclenchement muet des opérations cannibales, Équateurs, 2006.

Romans jeunesse

Norlande, Syros, (prix des Collégiens du Doubs, prix NRP de littérature jeunesse, prix littéraire des Maisons Familiales Rurales du Maine-et-Loire, prix Jean-Claude Izzo, prix spécial du jury des collégiens Livre-Franche), 2013.

La Grande Môme, Syros, (prix du polar Jeunesse), 2007.

La Princesse et le Viking, Syros, 2006

Impression réalisée par Corlet Imprimeur
pour le compte de l'Éditeur en décembre 2015

ISBN : 978-2-36201-102-3
Dépôt légal : janvier 2016
Numéro d'imprimeur : 178152
Imprimé en France